Claves *para un* matrimonio feliz *y* saludable

Claves *para un* matrimonio feliz *y* saludable

JOYCE MEYER

Título original: *The Keys to a Happy and Healthy Marriage*

Primera edición: Mayo de 2026
Esta edición es publicada bajo acuerdo con Faith Words,
una división de Hachette Book Group, Inc., USA

Impreso en Colombia / *Printed in Colombia*

Información de catalogación de publicaciones disponible
en la Biblioteca del Congreso de los Estados Unidos

ISBN: 979-8-89098-495-1

Índice de contenido

Introducción

Durante años, la tasa de divorcio en Estados Unidos se ha mantenido alrededor del 50 %. Eso significa que aproximadamente la mitad de las personas que se casan no permanecen casadas. Las razones son muy variadas. Algunos divorcios ocurren por situaciones graves o dañinas, como abandono, abuso o adulterio. Otros se deben a lo que el sistema legal llama «diferencias irreconciliables». Cuando la gente afirma eso, básicamente quiere decir que no logran convivir en armonía. Siempre me ha parecido muy triste que ese sea el motivo para terminar un matrimonio. Parte del propósito de este es que dos personas distintas aprendan a compartir la vida, a trabajar juntas, a ceder, respetarse y sostenerse mutuamente.

Si lo pensamos bien, ¿no es cierto que la mayoría de las parejas lidian con diferencias difíciles de conciliar? Como suele decirse, los opuestos se atraen. Una vez que los esposos dejan de salir juntos y de intentar impresionarse, y entran de lleno en la vida matrimonial, tienen que aprender a considerar puntos de vista distintos y a manejar conductas que quizá no comprendan o no les agraden. La mayoría de los matrimonios tienen diferencias y muchas veces esas diferencias son precisamente lo que los fortalece como pareja.

El matrimonio exige esfuerzo, pero con la ayuda de Dios es posible aprender a valorar esas diferencias, agradecerlas y atravesar juntos los momentos difíciles. Podemos amar como Él nos enseña y llegar a ser «una sola carne», como dice Jesús en Mateo 19:5 (RVR1960). Así podremos convertirnos en compañeros que se bendicen, alientan y sostienen mutuamente. También podemos afrontar lo que suele ser fuente de mayor conflicto, como la comunicación, el dinero y el sexo, y disfrutar el regalo del matrimonio, dando gloria a Dios. En este libro hablo de todo esto y oro para que lo encuentres útil en tu deseo de honrar a Dios en tu matrimonio.

Sé por experiencia propia que el matrimonio puede ser maravilloso y también un gran desafío, e incluso doloroso en algunos momentos. He vivido todas esas realidades. Aprendí que muchos conflictos pueden resolverse y muchas heridas pueden sanar si simplemente damos tiempo y andamos por los caminos de Dios. Yo sufrí abusos en mi infancia, por lo que no animo a nadie a permanecer en una relación íntima que sea dañina o peligrosa, pero tampoco creo que se deba abandonar a la pareja solo porque la vida se vuelva difícil. Cuando un matrimonio enfrenta pruebas, grandes o pequeñas, puede elegir acercarse más entre sí y a Dios, y eso puede fortalecer su unión.

Cuando conocí a Dave tenía veintitrés años y venía de años de abuso sexual —por parte de mi padre— y de un matrimonio complicado con un joven que mentía, robaba, me engañaba y me abandonaba por otras mujeres. Antes de divorciarnos, tuvimos un hijo (David, a quien le puse el mismo nombre que mi hermano) y Dave lo adoptó poco después de que nos casamos.

Debido al trauma de los abusos, a haber crecido en un hogar profundamente disfuncional y al daño que habían sufrido mi alma y mi carácter durante veintitrés años, cuando conocí a Dave yo no sabía nada sobre el matrimonio. Solo pensaba que él era una buena persona, que era atractivo y que, además, era un cristiano comprometido con Dios. Yo también era cristiana en ese momento, pero no había recibido enseñanza seria sobre cómo caminar con Dios, y tampoco tenía modelos para imitar.

Cuando Dave me pidió matrimonio después de apenas cinco citas, yo le respondí: «Bueno, sabes que tengo un hijo». Y cuando él me prometió que amaría a David porque me amaba a mí, acepté casarme. Tuve que aprender a amar, a dejarme amar y a funcionar en una relación sana. No siempre fue fácil, pero con la gracia y la ayuda de Dios (y con un esposo piadoso y paciente), fui aprendiendo, y sigo aprendiendo cada día.

Ser esposo o esposa es un llamado importante. Los que estamos casados o pensamos casarnos necesitamos la gracia de Dios para ser la pareja que Él quiere que seamos. Escribí este libro para ayudar a matrimonios en cualquier parte del mundo a fortalecerse, superar los problemas que enfrenten y experimentar las alegrías de un matrimonio centrado en Dios.

PARTE 1

Mi trayectoria matrimonial

Capítulo 1

Tuve que aprender a amar

Hagan todo con amor [verdadero amor a Dios y al hombre, inspirados en el amor que Dios tiene por nosotros].

1 Corintios 16:14

Cuando Dios habla del matrimonio en Génesis 2:24 dice: «Por eso dejará el hombre a su padre y a su madre, se unirá a su mujer, y los dos llegarán a ser uno solo».

Este mandato es la base del matrimonio entre cristianos y creo que toda pareja debería esforzarse por vivirlo. Muchas veces, esposos y esposas confían en el amor para mantenerlos unidos, pero lo que realmente sostiene el matrimonio es el compromiso. El amor es la recompensa de cumplir la promesa de estar juntos en lo bueno y en lo malo, en la salud y en la enfermedad, en la pobreza y en la abundancia. Es ese proceso de cumplir los votos lo que hace crecer el amor. Al principio solemos llamar «amor» a una atracción física, pero con el tiempo ese amor madura: la fidelidad y el compromiso pasan a ocupar un lugar central. Ya no siento mariposas cuando Dave entra a la habitación, como antes, pero lo amo más que nunca.

La historia de cómo nos conocimos no es muy distinta a la de muchas parejas: un amigo en común nos presentó. Sin embargo, no todas empezaron con tantos problemas como nosotros ni han disfrutado de las victorias que Dios nos dio después. Nuestra relación no siempre mostró el buen fruto que hoy compartimos. Sin Dios, íbamos camino a la tragedia, pero Él nos enseñó principios que nos ayudaron en medio de luchas y dificultades. Nuestra historia confirma que, como enseña Mateo 19:26, «para Dios todo es posible» y que cuando uno se mantiene fiel a sus promesas, el amor termina dando fruto.

Dave y yo coincidimos en que nuestro matrimonio fue un suceso providencial. Él era un cristiano lleno del Espíritu y oía con claridad a Dios. El Señor ya veía el resultado de nuestra unión más allá de lo que yo era el día en que Dave llegó a mi vida. Hizo falta tiempo, trabajo y oración para que llegáramos a donde estamos hoy.

Aprender a ser una con Dave fue muy difícil para mí, porque me casé creyendo que cada quien debía cuidarse a sí mismo. Pensaba: «Dave va a hacer lo que le convenga y yo lo que me convenga a mí». Si él veía fútbol los domingos y yo quería hacer otra cosa, me sentía ignorada. Mis pensamientos me decían: «No le importo, no me cuida». Como yo era insegura, me sentía rechazada si él hacía algo que no me incluía.

A menudo hacía berrinches. Cuando Dave veía fútbol, yo limpiaba haciendo ruido, golpeando objetos para que se diera cuenta de que estaba enojada. Arrastraba la aspiradora con rabia, me encerraba a llorar en el baño y montaba un drama para manipularlo. Eso es manipulación emocional.

Lo repetí tantas veces que Dave llegó a inmunizarse contra mi ruido. Él miraba el partido porque sabía que, de todos modos, encontraría un motivo para estar descontenta. A fines de 1969 ya teníamos tres hijos pequeños: David (de mi primer matrimonio), Laura (1968) y Sandra (1969). Cuando yo estaba enojada, Dave prefería jugar con ellos. Recuerdo que a veces se tiraba al suelo mientras las niñas le ponían ruleros, y él se divertía, ajeno a mi necesidad de atención. Esa indiferencia me frustraba aún más.

Yo estaba constantemente buscando validación personal en lo que hacía: en el trabajo trataba de escalar posiciones; en la iglesia quería estar en los grupos «correctos» y dirigir esto o aquello. Es cierto que tenía cualidades de liderazgo, pero estaban dañadas y mis motivaciones eran equivocadas: no quería servir a Dios, sino sentirme importante. Mis esfuerzos eran pura fachada y mi lengua sarcástica no me ayudaba a conseguir lo que realmente deseaba.

A los seis años de casados, Dave ya casi había agotado su paciencia. Él era optimista e intentaba hacerme mirar más allá de mis problemas, pero yo no entendía por qué mis intentos de manipularlo no estaban dando resultado. Además, por causa de los abusos que había sufrido, nuestra intimidad también estaba afectada. Un día, Dave me dijo: «Joyce, me estás llevando al punto en el que apenas puedo soportarte». Y añadió: «Si sigues así, no te puedo garantizar qué haré». Sus palabras me sacudieron y me hicieron mirar en serio mi comportamiento. Enfrentar la verdad es duro, pero es el primer paso hacia la libertad.

Durante todo ese tiempo asistíamos a la iglesia. Yo amaba a Dios, era salva y sabía que iría al cielo, pero no era madura espiritualmente. Dave era anciano en la iglesia; yo estaba en la junta; salíamos cada semana a evangelizar… y en casa vivíamos otra realidad. Llevábamos una vida de apariencia, pero puertas adentro todo era distinto.

Necesitaba respuestas reales de un Dios verdadero. Claro que las quería rápido, pero una de las primeras lecciones que aprendí fue que la felicidad no viene de hacer lo correcto por la razón equivocada. Tienes que hacer lo correcto porque amas a Dios y porque es lo justo; entonces Dios te recompensará. Si tu motivación es: «Está bien, haré esto para que cambies, pero si no cambias, dejaré de hacerlo», nunca disfrutarás de la recompensa que viene de Dios. Según 1 Samuel 16:7, Él ve nuestro corazón y sabe si estamos tratando de manipular a los demás o si lo obedecemos solo por amor a Él.

Dave quería que yo cambiara y yo deseaba que él hiciera lo propio, pero tenía que llegar al punto de hacer lo correcto aunque él no cambiara. Aunque jugara golf todos los sábados y viera fútbol todos los domingos por el resto de su vida, mi llamado era a actuar bien sin importar lo que él hiciera.

Es asombroso cómo Dios cambia las cosas. Hace un tiempo Dave quería jugar golf el viernes, pero yo deseaba que hiciera algunas cosas conmigo. Él respondió: «Bueno, puedes hacer esas cosas tú sola». Yo le dije: «Me encantaría que me acompañaras», y contestó: «Está bien».

Hace años eso no habría ocurrido. Como yo solía regañarlo y enojarme tanto, él me ignoraba. Ahora, la mayoría de las veces, puede hacer lo que quiere y no hay problema. Si de vez en cuando deseo que haga algo diferente conmigo, a menudo elige complacerme. Sabe que no me enojaré si realmente quiere jugar al golf, pero también sabe que, si lo invito, es porque de verdad me importa.

Si me hubiera dicho: «No, en realidad quiero jugar al golf el viernes», yo le habría respondido: «De acuerdo, hazlo».

A veces, las mismas condiciones que antes nos separaban siguen existiendo, pero ya no nos dividen. Hemos aprendido a ser honestos con lo que sentimos sin amenazar la seguridad del otro. También hemos aprendido a elegir el momento adecuado para hablar de los asuntos que antes nos ponían en extremos opuestos del *ring*, por así decirlo.

Dave y yo aprendimos a amarnos y de ese amor nació un ministerio internacional. Nunca fue mi meta comenzar un gran ministerio; solo amaba a Dios y aprendía a amar a mi esposo porque Él me lo pedía. Dios ha hecho grandes cambios en nuestra historia.

Yo era una ama de casa con estudios de bachillerato, y vivía en un pueblo del que nadie había oído hablar (Fenton, Missouri), cuando Dios me llamó al ministerio. No buscaba un gran ministerio; intentaba sobrevivir al abuso sexual, a relaciones fallidas, a una mente perturbada y a emociones desordenadas. Me esforzaba por comportarme como Dios quería, y lo hacía porque lo amaba.

Es asombroso lo que Dios puede hacer contigo si simplemente lo amas. Complicamos el cristianismo hasta perder el gozo de nuestra salvación, cuando lo principal es recibir Su amor incondicional, aprender a amarnos de manera equilibrada, amar a Dios y dejar que ese amor fluya hacia un mundo herido. Dios nos devuelve no solo lo que damos, sino también mucha alegría. El mundo está lleno de gente adinerada que tiene muchas cosas, pero es miserable. Es bueno prosperar materialmente, pero mejor aún es ser feliz y bendecido bíblicamente junto con la prosperidad.

Las puertas que Dios nos ha abierto a Dave y a mí nos asombran. No lo entiendo, pero estoy decidida a que, mientras pueda respirar, seguiré atravesándolas, intentando ayudar a la mayor cantidad de personas posible a recibir el gozo de Dios que viene al conocer Su Palabra.

Dave ha estado a mi lado durante este proceso, no lo habría logrado sin él. No puedo dejar de enfatizar la importancia de su papel en el ministerio.

Capítulo 2

La bendición de un cónyuge piadoso

> Entonces [de veras] Cristo habitará [se establecerá, morará, hará su hogar permanente] en el corazón de ustedes a medida que confíen en él. Echarán raíces profundas en el amor de Dios, y ellas los mantendrán fuertes.
>
> Efesios 3:17 (NTV)

Aunque era cristiana cuando me casé con Dave, no había aprendido a caminar con Dios, por lo que mi alma y mi personalidad estaban profundamente dañadas. Dios ciertamente respondió a la oración de Dave pidiendo «alguien a quien ayudar» cuando me envió a su vida. Yo necesitaba *mucha* ayuda. Cuando me casé con Dave, no entendía lo piadoso y maduro que era, a pesar de que solo tenía veintiséis años. Se había criado en la iglesia y había tomado la iniciativa de desarrollar una sólida relación con Dios. Cuando Dios nos unió, me dio la gran bendición de un cónyuge piadoso.

Una forma en que Dave ha demostrado su devoción desde que lo conocí es que es asombrosamente estable en el plano emocional. Estoy convencida de que su estabilidad emocional es una de las principales razones por las que pudo soportarme durante los primeros años de nuestro matrimonio. A lo largo de esos años, él se negó a permitir que mi enojo le robara la alegría. Sabía que Dios estaba obrando en nosotros y no dejó que nuestras discusiones lo derribaran. Por la gracia de Dios y por la fe en Su Palabra, siguió disfrutando de la vida, incluso cuando yo estaba enojada. Su gozo durante mis pruebas me enojaba y me molestaba, pero al mismo tiempo me atraía hacia él. Deseaba tener lo que él tenía, pero aún no había aprendido a arraigarme profunda y firmemente en el amor (Efesios 3:17).

Vi en él una estabilidad y solidez que nunca había visto en nadie. Hiciera lo que hiciera, seguía siendo el mismo. Con el tiempo, entendimos que Dios lo había estado preparando para nuestro matrimonio. Cuando Dios se me revelaba en aquellos primeros años, yo no me daba cuenta de que me estaba enseñando a pensar como Él. Y cuando parecía que me había abandonado, en realidad me cortejaba para que buscara más de Su presencia, me adentrara en Su Palabra y dependiera de ella. A menudo digo que a Dios le gusta «jugar a las escondidas»: a veces oculta Su presencia para que lo busquemos.

Un factor clave de nuestro éxito fue que Dave no me permitió hacerlo infeliz. Muchos desacuerdos podrían evitarse si no dependiéramos de nuestro cónyuge para ser felices. Su contentamiento residía en la promesa de Dios, no en mi obediencia.

Cuando comparto esto públicamente, toca el corazón de muchos. La gente cree que, si tiene un problema, está casi obligada a ser infeliz. Yo era dependiente y actuaba de forma irracional y quería que mi esposo fuera codependiente para poder controlarlo. Me parecía justo que, si yo no era feliz, él tampoco lo fuera.

Dave fue un modelo para mí, y me mostró nuevas maneras de manejar la decepción y el desacuerdo. Yo puse a prueba su estabilidad hasta el extremo. A veces no le dirigía la palabra durante dos o tres semanas. Ni una sola palabra. Simplemente callaba, pero él me amaba y me mostró el amor *ágape* (sacrificial) de Dios. Pude ver en él el amor incondicional de Dios. Si quería recibirlo, eso me beneficiaría; si no, no le impedía amarme. Su estabilidad me asombraba. A veces se enojaba conmigo, pero de algún modo siempre me demostraba su amor, aunque no aprobara mis acciones. Era lo más parecido a la paz y al amor que yo podía imaginar.

Es importante que quienes están casados con un cónyuge conflictivo (alguien que tiene problemas, no es salvo, etc.) se esfuercen por alcanzar esta estabilidad en Dios. Puede ser un proceso doloroso, pero es el camino directo hacia la paz y la alegría. No dejes que el comportamiento de un cónyuge problemático determine tu alegría. Procura ser estable para que tu conducta le muestre amor a la otra persona.

No dejes que tu gozo dependa de la alegría del otro, ni lo hagas responsable de la tuya. Si no estás gozoso, no es culpa de nadie más. Siempre podemos encontrar gozo en Cristo si lo miramos y recordamos cuánto nos ama.

De niña, la única forma en que veía que se manejaban las cosas era con ira, violencia y manipulación. Los desacuerdos se resolvían controlando a las personas con caprichos y rabietas. En otras palabras: «¡Estoy enojado contigo y seguiré enojado hasta que hagas lo que quiero!». Así aprendí a pelear por lo que quería. Crecí en un ambiente negativo que me enseñó a no confiar en nadie. Si alguien hacía algo bueno por mí, o decía que quería hacerlo, creía que tenía una motivación oculta. De hecho, mi padre me enseñó a no confiar en la gente y a pensar que, cada vez que alguien hiciera algo bueno por mí, esperaría algo a cambio.

Pongo el ejemplo de las personas que influyeron en mi infancia no para faltarles al respeto, sino para mostrar que solemos repetir lo que nos enseñaron de niños, a menos que permitamos que Dios obre en nuestra historia. En mis primeros años me enseñaron a ser negativa, discutidora y controladora emocionalmente.

Después de seis años de matrimonio, Dave empezó a cansarse de las peleas. Cuando vi que ya no intentaba animarme, entendí que era mi turno de hacer algo con mi infelicidad. Si un cónyuge puede hacer todo lo posible por hacer feliz a alguien, entonces Dave lo había hecho por mí; pero yo no pude estar en armonía con él hasta que lo estuve con Dios.

En ese momento no era consciente de lo dolorosa que era mi infelicidad para Dave. Él recuerda esos días con cariño, pero con cierta incomodidad. Cuando lo llevaba al extremo, salía solo a orar y llorar. Al principio, intentaba hablar conmigo y hacerme reflexionar diciéndome: «Tienes que cambiar» o «Esto tiene que cambiar», pero nada pasaba. Yo empeoraba. Dave empezó a darse cuenta de que yo no podía cambiar desde afuera; tenía que ser desde adentro.

A partir de entonces, entendió que cuando yo estaba sarcástica o agresiva, lo único que podía hacer era orar. Clamaba: «Dios, ¡no puedo cambiar esto! Solo tú puedes llegar al fondo de su corazón y cambiarla, y también revertir esta situación». Perdemos mucho tiempo intentando cambiar a otras personas. Solo Dios puede cambiarnos de forma duradera.

Fue en ese momento de nuestro matrimonio que comencé a leer la Palabra con renovado interés y entusiasmo. La Escritura empezó a tener sentido para mí: me atrajo a desear más de Dios y me infundió un hondo deseo de cambiar.

PARTE 2

Claves para vivir en el propósito de Dios para el matrimonio

Capítulo 3

Llegar a ser uno

¿Acaso no hizo Dios [a ti y a tu cónyuge] un solo ser que es cuerpo y espíritu? Y ¿por qué es [que Dios hizo de los dos] uno solo? Porque busca [de esa unión] descendencia dada por Dios. Así que cuídense ustedes en su propio espíritu y no traicionen a la esposa de su juventud.

Malaquías 2:15

Dios tiene un propósito para el matrimonio. Jesús habla de él en Mateo 19:5-6. En pocas palabras, el propósito de Dios para el matrimonio es que los esposos sean «una sola carne» (v. 5, RVR1960). Se trata de una unión espiritual que puede reflejarse en la relación sexual, pero que va mucho más allá de ese aspecto. Cada uno aporta todo su ser al vínculo matrimonial con la intención real de unirse. Lamentablemente, muchas personas que se casan manejan metas e ideas sobre el matrimonio muy distintas de las de Dios. A menudo, ni siquiera piensan en unirse espiritualmente.

Todo lo que Dios creó era bueno, pero cuando miró al hombre, dijo en Génesis 2:18 que no era bueno que estuviera solo, de modo que creó a la mujer y les ordenó que fueran una sola carne. Los bendijo y les dijo que fueran fructíferos, se multiplicaran y sojuzgaran la tierra (Génesis 1:28; 2:18-24).

Para confiar en el plan de Dios para el matrimonio, conviene entender primero Su propósito. Dios siempre comienza con algo bueno y poderoso, pero el enemigo pronto intenta pervertirlo para robar y destruir lo que Dios quería darnos.

El diccionario define «matrimonio» así: «1 a: condición de estar unidos como cónyuges en una relación consensual y contractual reconocida por la ley; b: relación mutua de personas casadas; c: institución mediante la cual las personas se unen en matrimonio; 2: acto de casarse o rito por el cual se efectúa el matrimonio; *especialmente*: la ceremonia nupcial y las festividades o formalidades que la acompañan».

El matrimonio es mucho más que una ceremonia, pero para muchos hoy se ha reducido a un simple día de flores, comida y festejos. Como mencioné en la introducción, la tasa de divorcio en Estados Unidos es muy alta. Antes afectaba principalmente a los no cristianos, y los creyentes se tomaban en serio el éxito de sus matrimonios. El divorcio no solía considerarse una opción entre los cristianos porque la Palabra de Dios establece solo ciertas condiciones bajo las cuales alguien debía renunciar al matrimonio. Con el tiempo la gente fue perdiendo esa convicción y hoy cada vez más creyentes (cristianos que aman a Dios y conocen la Palabra) están abandonando sus matrimonios. Tiran la toalla y dicen: «Bueno, olvídalo. Simplemente no nos llevamos bien».

Conozco a una mujer que ama al Señor, pero después de veintitrés años de matrimonio, su esposo la abandonó. Muchas circunstancias intervienen en un divorcio y ella sabe que muchos de sus problemas fueron responsabilidad suya. Él estaba dispuesto a intentarlo. Ella sabía que, si lo llamaba y le decía: «Está bien, lo siento, intentemos que esto funcione», había buenas probabilidades de que volviera. Sin embargo, dijo: «Ni siquiera sé si quiero molestarme.

Simplemente no sé si en realidad lo amo o si alguna vez lo amé de veras».

Nadie ama de verdad si Dios no pone amor en su corazón por la otra persona. 1 Juan 4:8 dice: «El que no ama no conoce a Dios [no lo conoce ni lo conoció nunca], porque Dios es amor». Esto indica que, dado que Dios es amor, hemos de permitir que Él nos enseñe cómo tratar a los demás. No estoy segura de cuántos de nosotros realmente nos amábamos al casarnos. Con frecuencia las parejas jóvenes se casan por atracción física. A veces lo hacen porque se sienten solas. Hay muchas razones por las que la gente se lanza al matrimonio.

Cuando me casé con Dave, no tenía ni la menor idea de lo que era el amor. No sabía dar amor ni recibirlo. Nunca había visto el amor verdadero acercarse a mí; no sabía qué era. Cuando Dave empezó a decirme que me amaba, yo ni siquiera podía pronunciar las palabras: «Yo también te amo».

He llegado a amar a Dave con los años que he vivido con él. Al verlo, acompañarlo en el dolor y en la risa, llorar con él, criar hijos juntos, discutir y reconciliarnos, trabajar, ir al cine, ver la televisión y jugar al golf, ahora puedo decir que sé que lo amo profundamente.

La Biblia dice que el matrimonio es una unión (Malaquías 2:15; Mateo 19:4-6). «Unión» es una palabra interesante: una ligadura entre dos personas hasta llegar a ser uno. A veces la usamos con ligereza. Sabemos que se supone que somos uno con la Deidad, que el cuerpo de Cristo es uno y que dos personas que se casan se convierten en uno, pero no siempre alcanzamos a comprender lo que esto significa.

Imagínate un vaso vacío. Junto a él hay una taza de café y un vaso de agua. El café, por supuesto, es oscuro, y el agua es clara. Muchas veces, cuando las personas se casan, son tan distintas como el café y el agua. De vez en cuando, dos personas similares se casan, pero la mayoría de las veces son muy diferentes entre sí cuando se unen.

Después de verter esa taza de café y ese vaso de agua dentro del vaso vacío, ¿hay alguna manera de volver a separarlos? Dave y yo éramos tan diferentes al principio que uno pensaría: «¿Cómo es posible que hayan sobrevivido casi sesenta años?». Éramos como una taza de café y un vaso de agua que se mezclan, pero cuando Dios une, puedes observar lo que sucede.

Dios quiso que tú y tu cónyuge se convirtieran en una mezcla santa cuando los unió. Igual que con el café y el agua, ahora ni siquiera se distingue cuál de los dos es; parece una nueva sustancia y no sabríamos cómo separarla. En el matrimonio, esposo y esposa llegan a ser una sola persona, unidos en Cristo Jesús. Dios quiere una ligadura tal que no deje duda de que no podemos separarnos: somos uno.

Capítulo 4

Alcanzar la unidad en el matrimonio refleja a Cristo y a la Iglesia

...pues nadie ha odiado jamás a su propio cuerpo; al contrario, lo alimenta y lo cuida, así como Cristo hace con la iglesia, porque somos miembros [partes] de su cuerpo. «Por eso dejará el hombre a su padre y a su madre, se unirá a su mujer y los dos llegarán a ser uno solo».

Efesios 5:29-31

Cuando dos personas juran el día de su boda amarse hasta que la muerte los separe, solo el tiempo y las pruebas mostrarán si su promesa mutua se cumplirá y, así, afianzará su amor y su compromiso. El matrimonio puede ser un gran triunfo o una terrible tragedia. Para disfrutar del triunfo, las parejas necesitan no solo pronunciar los votos, sino vivirlos porque decirlos es mucho más fácil que cumplirlos. Al honrar esas promesas como marido y mujer, se hace visible el misterio de cómo dos personas se convierten en una sola carne y se despliega el plan de Dios para nuestra relación con Él.

En la Nueva Versión Internacional de la Biblia, Efesios 5:31 dice que el hombre y su esposa «llegarán a ser» una sola carne, pero otras traducciones dicen que un hombre y su esposa «serán una sola carne» (RVR1960, LBLA, NBV). Afortunadamente, en el matrimonio tenemos la oportunidad de llegar a ser, es decir, de crecer y transformarnos con el tiempo. Esto requiere tiempo, paciencia, gracia y la ayuda del Espíritu Santo.

Muchas parejas abandonan el plan de Dios antes de que los frutos de ese diseño aparezcan en su vida y antes de alcanzar Su propósito para el matrimonio. Los votos pronunciados en una boda no unen a dos personas de forma sobrenatural en armonía perfecta. Por el contrario, en sus votos matrimoniales, dos personas prometen perseverar juntas, sin importar las diferencias que tengan ni los desafíos, enfermedades, éxitos, decepciones, alegrías u otras experiencias que atraviesen. Cuando dos cristianos se casan, asumen el compromiso de esperar a que el plan de Dios se manifieste en sus vidas. Entienden que el matrimonio es un «misterio profundo», según Efesios 5:32 y que en él se revelará el corazón de Cristo para Su iglesia.

A veces me pregunto qué pensó Dios cuando diseñó a dos individuos únicos e irrepetibles, maravillosamente distintos, con visiones, sueños y metas, y les dijo, básicamente: «Ahora serán una sola carne». ¿Te imaginas lo que pensaban? Quizás preguntaron: «¿Y en cuál de los dos nos convertiremos?». Tal vez la mujer preguntó: «¿Debe él ser como yo o debo ser yo como él?». ¿Se preguntó el hombre cómo sería para ella ser como él, o para él ser como ella? ¿Qué nos pide realmente Dios al casarnos y cuál es Su propósito al llamar a quienes se comprometen con el pacto del matrimonio a ser uno?

Primero, debemos entender que la instrucción de que los esposos llegarían a ser uno fue dada a quienes viven en comunión con Dios. «Llegar a ser uno» no fue algo que se nos ordenara ejecutar por cuenta propia, sino algo que Él dijo que obra en nosotros a través del proceso de Su plan.

Dios quiere que las parejas cristianas se sujeten mutuamente por reverencia a Cristo. Su propósito se basa en que somos miembros (partes) de Su propio cuerpo. Las parejas cristianas deben ser una sola carne en sus metas y decisiones para mostrar al mundo, a pequeña escala, el poder que nace de la unidad espiritual de una relación personal con Jesús.

Pablo escribe sobre ser una sola carne en Efesios 5:31 y continúa con estas palabras: «Esto es un misterio profundo; yo me refiero a [la relación de] Cristo y a la iglesia» (Efesios 5:32). Las parejas casadas que se someten a la guía de Dios ejemplifican la relación de amor que existe entre un creyente y Jesús. En otras palabras, los no creyentes que no pueden ver a Cristo deberían percibir Su amor al observar la relación entre las parejas cristianas. Un matrimonio prospera si cada parte trata al otro como sabe que Cristo quiere. Aprendan la Palabra, apliquen sus principios al matrimonio y este perdurará y traerá gozo.

Como creyentes, debemos poner a Dios primero y mantenerlo en ese lugar. Cuando nos enfocamos en Él de esta manera, nos capacita para alcanzar y recibir el deseo del corazón. El Salmo 37:4-5 dice: «Deléitate en el SEÑOR y él te concederá los deseos de tu corazón.

Encomienda al Señor tu camino [entrega y deposita cada parte de tu carga en Él]; confía [apóyate, ten confianza y seguridad] en él y él actuará».

De manera similar, cuando una esposa se deleita en su esposo como en el Señor, Él atenderá los deseos y las peticiones secretas de su corazón. Dios también le ha encargado al esposo que nutra y proteja cuidadosamente a su esposa como lo haría con su propia carne. Dios no nos ha llamado a la esclavitud, sino al misterio de su caminar que conduce a la libertad. Lo mejor de Dios volverá a nosotros si confiamos en Él y obedecemos Su Palabra.

Dios dijo que, en el matrimonio, los dos *llegarán a ser* una sola carne (Génesis 2:24). La Palabra de Dios tiene un carácter definitivo y se orienta al resultado más que al proceso. Él promete que el esposo y la esposa *serán* uno, así como Cristo es uno con la iglesia. Dios está obrando en nosotros. No es algo que *podamos producir* por esfuerzo propio; acontece al obedecer y confiar en que Él obrará en nosotros.

Para que se cumpla el plan de Dios de unidad, al menos una de las dos personas en el matrimonio debe comenzar a confiar en ese plan. O bien la esposa confía en Dios y presta atención a su esposo, o bien el esposo ama a su esposa y atiende sus necesidades como Cristo cuida de Su pueblo. Dave empezó a hacer lo correcto antes que yo, pero su obediencia a Cristo me sirvió de ejemplo y yo también quise obedecer. Qué profundo misterio que Cristo viniera como siervo para nosotros y, sin embargo, nos cueste servirnos unos a otros. Cuanto más nos acomodemos a sus caminos, nuestra vida estará más llena de sus bendiciones. Hacer pequeñas cosas por el otro, elogiarse e incluso decir «por favor» y «gracias» nos unirá en amor.

Dios nos amó primero y nosotros lo amamos a Él. Él afirma Su amor en nosotros y empezamos a amar a los demás; con el tiempo, ese amor se entrelaza tanto en nuestra vida que ya no importa quién amó primero al otro. Efesios 5:1 dice: «Por tanto, imiten a Dios [cópienlo y sigan Su ejemplo] como hijos muy amados [imiten a su padre]».

También en Efesios, Pablo concreta esta lección de amor al decir que debemos ser «bondadosos y compasivos [misericordiosos, comprensivos, amorosos] unos con otros y perdónense mutuamente [con prontitud y generosidad], así como Dios los perdonó a ustedes en Cristo» (Efesios 4:32). Al ser como Cristo, naturalmente centraremos nuestra atención en las necesidades de los demás.

Ni el esposo ni la esposa fijan el estándar de lo que el otro debe llegar a ser. Cristo es nuestro único modelo. Alcanzar la meta de ser uno es un proceso cotidiano, así como ser como Cristo es un camino de toda la vida. Trabajar en nuestras relaciones a veces duele, pero duele mucho más cosechar fracasos, discordias y separación de quienes amamos por simple descuido.

Así que, para ser uno con el cónyuge, primero debemos ponernos de acuerdo con Dios, acercándonos a Cristo y aprendiendo a ser como Él. Una vez que lo invitamos a nuestras relaciones y hacemos lo que Él nos dice, nuestra mente y nuestras acciones comienzan a parecerse a las suyas. En consecuencia, amamos como Él ama y cuidamos las relaciones para que se mantengan sanas y firmes.

Capítulo 5

Tratar el matrimonio como digno y precioso

> Tengan todos en alta estima [consideren digno, precioso y de gran valor, y especialmente apreciado] el matrimonio y la fidelidad conyugal, porque Dios juzgará a los adúlteros y a todos los que cometen inmoralidades sexuales.
>
> Hebreos 13:4

Dado que Dios tiene un propósito para el matrimonio, conviene recordar que es inmensamente valioso, incluso precioso. Hebreos 13:4 (RVR1960) dice: «*Honroso* sea en todos el matrimonio [considerado digno, precioso, de gran precio y especialmente querido]» (énfasis propio). La relación matrimonial debe ser honrada también en casa. El matrimonio es algo que Dios creó; no fue una idea del hombre. Dios fue quien le dijo a Adán que necesitaba una ayuda adecuada (Génesis 2:18). Dios fue quien creó a una mujer para él, los unió y dijo que serían una sola carne (Génesis 2:21-24).

En el momento de casarse, legalmente ya eran uno; en la experiencia, aún no. Cometemos un error cuando no distinguimos entre legalidad y experiencia. Nací de nuevo cuando acepté a Jesucristo como mi Señor y Salvador; me convertí en una nueva criatura. Pero no actué como una nueva criatura desde ese mismo instante. De igual modo, cuando nos casamos, quedamos unidos como uno solo. La Biblia dice: «Los dos *llegarán a ser* uno solo» (Mateo 19:5; énfasis propio). Están en proceso de «llegar a ser». Mientras ese proceso se desarrolla, el matrimonio debe respetarse y valorarse como precioso. Trátense como si fueran piezas de porcelana fina.

Dave tenía veintiséis años cuando nos conocimos y nunca había llevado a una chica a casa para que su madre la conociera. Él le había dicho a su madre: «Cuando traiga a una mujer a casa, esa será con la que me casaré». Dave ha levantado pesas prácticamente toda su vida. Me contó que la primera noche que no volvió a casa después del gimnasio, su madre entendió que nuestra relación iba en serio.

Es llamativo cómo se tratan las personas cuando se cortejan en contraste con cómo lo hacen después de casarse. Cuando Dave y yo éramos novios, yo ni siquiera sabía que jugaba al golf. No vi sus palos de golf ni una sola vez; él solo tenía ojos para mí. De repente, a los pocos días de casados, supongo que se cansó de instalar barras de cortina y decidió sacar sus palos de golf del armario.

—Voy al parque a jugar a la pelota —me dijo.

—¿Qué son esos palos y qué es una pelota? —le respondí.

A partir de entonces, durante los primeros tres años de nuestro matrimonio, discutimos por el golf. Es asombroso lo diferente que actúa la gente antes y después de tener aquello que deseaba. Mientras buscamos algo, cuidamos los modales y cómo nos comportamos; cuando sentimos que ya lo poseemos, cambiamos. Es triste, ¿verdad? Te animo a tratar a tu cónyuge como si *aún* lo estuvieras cortejando porque, en efecto, así es. Si no pones empeño en tu matrimonio, no tendrás un buen matrimonio.

Uno de nuestros hijos lleva veinte años casado y él y su esposa siguen teniendo citas al menos una vez a la semana, a veces dos. Están criando a cuatro hijos y saben que necesitan tiempo juntos si quieren que su matrimonio se mantenga fuerte. Debemos honrar el matrimonio y tenerlo por digno y precioso. Piénsalo un momento: el matrimonio es precioso, es honorable a los ojos de Dios y debe estimarse como digno. Si lo recordáramos con frecuencia, lo veríamos de otra manera.

Evita una actitud descuidada hacia el matrimonio. Piensa en esta imagen: si no prestamos atención, empezamos a tratarnos como un cojín viejo tirado en un rincón. Usamos el cojín cuando queremos estar cómodos, pero el resto del tiempo lo ignoramos. Mejor sigamos lo que dice Hebreos 13:4 sobre el matrimonio: estímalo como «digno, precioso, de gran precio y especialmente valioso».

PARTE 3

Claves para comprender el amor

Capítulo 6

Construyan un matrimonio basado en el amor

El amor [el amor de Dios en nosotros] no es descortés ni egoísta. No se enoja fácilmente. El amor no lleva cuenta de las ofensas [no presta atención a un mal sufrido].

1 Corintios 13:5 (PDT)

Las personas eligen casarse por diversas razones. En algunos países, los matrimonios son arreglados. La decisión la toman los padres de los novios y los dos individuos involucrados tienen poca o ninguna participación. En otros lugares, las partes eligen con quién quieren casarse y pueden basar su decisión en la apariencia, la personalidad, los ingresos, el intelecto, la atracción sexual o algo más. Pero la mejor razón para que dos personas se casen es que Dios los haya guiado a una relación de amor auténtico.

El amor decide mantenerse firme y seguir amando aun cuando no haya sentimientos cálidos y amorosos. El cambio nos alcanza a todos y a veces resulta estresante. He visto a hombres y mujeres optar por huir cuando el cambio empieza a doler. Huyen de Dios; huyen de la persona o situación a la que culpan de su miseria; huyen de sí mismos cuando hay asuntos que deben resolver. Incluso huyen de su cónyuge. Y al huir, cargan con el problema y dejan atrás la ayuda.

Mientras culpé a Dave y a mi pasado por mi propia infelicidad, no hice ningún avance. Un cambio positivo comenzó en mí cuando decidí dejar de huir del dolor. Me di cuenta de que era insegura porque había sido abusada, pero también de que no tenía por qué seguir así, porque Jesús me amaba y tenía poder para transformarme. La verdad me dio libertad para tomar nuevas decisiones.

La verdad del amor de Dios por mí me dio la seguridad para asumir la responsabilidad de mis actos. Finalmente pude admitir que pecaba al actuar mal, pero entonces pude arrepentirme y comenzar de nuevo. Todos esos cambios llevaron tiempo y también te llevarán tiempo a ti o a la persona por la que oras. Dios me mostró los cambios que necesitaba hacer y Él le mostrará a tu cónyuge por dónde empezar como fruto de tus *oraciones*, no de tus conversaciones insistentes, quejas o rabietas.

Yo tenía baja autoestima; no me amaba a mí misma. Odiaba mi personalidad y mi voz (lo cual me parece hoy extremadamente gracioso porque Dios ahora la hace oír por todo el mundo). En algún momento, debido al abuso que había sufrido, interioricé la vergüenza. Ya no me avergonzaba de lo que me había pasado, sino que comencé a avergonzarme de mí misma. Estaba sufriendo y, en consecuencia, hería a los que me rodeaban.

Creo que la mayoría de los problemas que las personas tienen se relacionan con cómo se sienten consigo mismas. Tu apoyo y aliento pueden ayudarlas a revisar su percepción de sí mismas. Si perseveras en amarlas, comenzarán a examinarse para ver por qué las encuentras dignas de amor. El amor incondicional es la mejor terapia para alguien que no encuentra su propia autoestima.

Cuando las personas descubren que Dios las ama pase lo que pase y que tú también las amas incondicionalmente, comienza un proceso de restauración en su alma que solo el amor infinito de Dios puede iniciar. Él ama a las personas a través de ti. Puedes ayudar a otros a amarse a sí mismos si decides mostrarles el amor de Dios.

Cuando empiezan a percibir cuánto los ama Dios, vuelven a quererse. Cuando comprenden que son hechos justicia de Dios por lo que Jesús hizo por ellos (2 Corintios 5:21), ven la diferencia entre quiénes son y lo que han hecho. Una vez que distinguen ambas cosas y aprecian lo valiosos que son a los ojos de Dios, independientemente de lo que hagan o hayan hecho, reciben la revelación del amor incondicional y comienzan a cambiar en profundidad. Saber que somos amados nos impulsa a *desear* hacer lo correcto.

Pero mientras pensemos que alguien debe *hacer* algo bueno para *ser* bueno, estamos atrapados en ese estado de indefensión en el que la religión nos coloca: obras, obras, obras. Nadie podrá hacer lo suficiente para merecer el amor de Dios; por eso es tan importante que alguien nos muestre que el amor de Dios es un regalo gratuito. Vemos una prueba de eso cuando alguien nos ama de manera incondicional.

Si no sabes cómo tratar a tu cónyuge, quizás sea porque te sientes mal contigo mismo. Tal vez necesites detenerte a mirar cómo te sientes contigo mismo. Las personas que han sido maltratadas, rechazadas o abandonadas necesitan una revelación del amor incondicional de Dios. Incluso si no has sido maltratado, también necesitas recibir el amor incondicional de Dios. Todos lo necesitamos. Las personas pueden sentirse inseguras por muchas razones, pero sea cual sea la razón, el amor incondicional de Dios aporta seguridad y valentía.

Tómate momentos para aquietar el corazón ante Dios. Pídele que te comunique Su amor. Sea cual sea tu origen, Él te acepta y quiere tomar lo que quede de tu vida y transformarlo en belleza (Isaías 61:3). Con el tiempo, te sorprenderás de cómo la verdad de Dios en Su Palabra trae sanidad y cambio a tu vida. La Palabra de Dios es medicina para el alma.

Capítulo 7

Sepan qué es y qué no es el amor (sección 1)

Si pudiera hablar todos los idiomas del mundo y [hasta] de los ángeles pero no amara a los demás [esa devoción racional, intencional y espiritual, tal como la que se inspira en el amor de Dios por nosotros y en nosotros], yo solo sería un metal ruidoso o un címbalo que resuena. Si tuviera el don de profecía [el don de interpretar la voluntad y el propósito divinos] y entendiera todos los planes secretos de Dios y contara con todo el conocimiento, y si tuviera una fe [suficiente como para] que me hiciera capaz de mover montañas, pero no amara a otros [no tuviera el amor de Dios en mí], yo no sería nada [sería una persona inútil]. Si diera todo lo que tengo a los pobres y hasta sacrificara mi cuerpo, podría jactarme de eso; pero si no amara [con el amor de Dios] a los demás, no habría logrado nada. El amor es paciente y bondadoso. El amor no es celoso ni fanfarrón ni orgulloso...

1 Corintios 13:1-4 (NTV)

Los primeros ocho versículos de 1 Corintios 13 contienen verdades valiosas que pueden enriquecer cualquier matrimonio, ya que nos ayudan a comprender qué es el amor y cómo debemos tratar a quienes amamos. Este pasaje es particularmente importante para las parejas casadas debido a la relación de amor singular que comparten.

Si tú y tu cónyuge atraviesan dificultades, les sugiero que cada día lean juntos 1 Corintios 13:1-8 en voz alta. Si lo hacen con constancia, comenzarán a ver cambios en su relación. Si su matrimonio es sólido y placentero, también conviene leer este pasaje de forma periódica para permanecer firmes en lo que dice la Palabra de Dios sobre cómo debemos interactuar con quienes amamos.

Primera Corintios 13:1 dice: «Si pudiera hablar todos los idiomas del mundo y [hasta] de los ángeles pero no amara a los demás [esa devoción racional, intencional y espiritual, tal como la que se inspira en el amor de Dios por nosotros y en nosotros], yo solo sería un metal ruidoso o un címbalo que resuena».

Si no tengo amor yo misma, no puedo dárselo a nadie más. Ese amor está inspirado por el amor de Dios en nosotros y por nosotros. Por eso es imposible amar a los demás hasta que sepamos que Dios nos ama y nos da amor para darlo todo.

Los versículos 2 y 3 dicen:

> Si tuviera el don de profecía [el don de interpretar la voluntad y el propósito divinos] y entendiera todos los planes secretos de Dios y contara con todo el conocimiento, y si tuviera una fe [suficiente como para] que me hiciera capaz de mover montañas, pero no amara a otros [no tuviera el amor de Dios en mí], yo no sería nada [sería una persona inútil].

Tengo el amor de Dios en mí porque lo recibo con regularidad. Esto significa que ahora tengo una reserva de amor en mí y puedo entregarlo a otras personas porque recibo amor de Dios continuamente. Esto también aplica a ti. Puedes recibir el amor de Dios y, por lo tanto, amarte a ti mismo de una manera sana y equilibrada. Esto no es egoísta ni egocéntrico; es parte de la manera en que Dios nos fortalece. No somos nada en nosotros mismos, pero cuando nos amamos con el amor que Él nos da y, cuando estamos en Cristo, tenemos la capacidad de amar también a los demás. Reconocemos y honramos Su amor por nosotros al amarnos a nosotros mismos, y reconocemos y honramos a los demás al amarlos como Él los ama. Cuando nos comportamos de manera poco amorosa, generalmente es porque no nos amamos de forma adecuada.

Primera Corintios 13:4 dice: «El amor es paciente y bondadoso. El amor no es celoso ni fanfarrón ni orgulloso…».

Me alegra que la Biblia subraye que este amor durará para siempre. Para mí, esto significa que el amor no descarta a alguien solo porque no cambia de inmediato. A algunas personas les toma tiempo convertirse en quienes Dios quiere que sean, pero eso no significa que nunca lo lograrán. Nuestro papel es perseverar y amarlas mientras Dios obra. Dios nunca nos abandona y nosotros no deberíamos abandonar a los demás.

El versículo 4 también dice que el amor no es celoso. Cuando Dave y yo nos casamos, los celos me resultaban algo conocido. Había sido algo habitual en todas mis relaciones. Aprendí por el ejemplo de mis padres que los esposos jugaban a provocarse celos, pero Dave era un hombre estable, renacido y lleno del Espíritu, que no participaba de esas tonterías. Quería que tuviéramos un buen matrimonio.

Una vez intenté poner celoso a Dave y noté que no le preocupaba en absoluto. Más tarde le dije: «¡Bueno, ni siquiera estás celoso!». Él respondió: «Joyce, si tengo que preocuparme por si te escapas con alguien más, entonces, para serte sincero, no vale la pena». Y añadió: «No voy a pasarme la vida preocupado por lo que harás con otra persona. Si no me quieres, no voy a intentar que te quedes conmigo».

Los celos son como una enfermedad. Se oponen al amor y a la confianza. Alimentan sospechas e imaginaciones vanas que no son ciertas. Si toleras los celos como parte de tu relación, estás abriendo la puerta a un espíritu peligroso. El diablo exagerará tus preocupaciones y te ocultará el verdadero sentido de hechos inocentes, como ocurrió en el siguiente ejemplo.

Un fin de semana, no mucho después de casarnos, fui al campo a visitar a mi abuela. Al regresar, vi un lápiz de cejas en una de las rejillas de ventilación del piso de nuestro apartamento. Como ya arrastraba sospechas y celos, pensé de inmediato: «¡Trajo a una mujer aquí este fin de semana!». Corrí a buscarlo y lo acribillé con la pregunta:

—¿A quién trajiste este fin de semana?

Desconcertado, preguntó:

—¿Quééé?

—¿Quién se quedó aquí contigo este fin de semana? —insistí.

—Mi hermano vino a quedarse aquí conmigo —respondió, bajando la mirada.

Su hermano menor, Don, tenía unos diez o doce años entonces.

—Donny se quedó aquí conmigo este fin de semana, Joyce. ¿Cuál es tu problema? —dijo.

—Bueno, supongo que Donny no usa lápiz de cejas, ¿verdad? ¡Encontré este lápiz! ¡Mira! ¡Mira! Lo encontré aquí abajo, en esta rejilla del suelo —lo increpé.

—No sé cómo llegó un lápiz de cejas ahí —dijo—. Te lo digo ahora mismo: ¡no traje a ninguna mujer aquí!

Pero mi mente ya estaba convencida de que Dave había tenido a una mujer en el apartamento mientras yo no estaba. No confiaba en él, estaba celosa y padecí un tormento constante durante una semana, hasta que Dave le preguntó a su hermano:

—Cuando estuviste aquí, ¿se te cayó algo por el respiradero? ¿Hiciste algo con la rejilla del aire frío?

Donny admitió enseguida:

—Ah, sí. Se me cayó dinero ahí y bajé a buscarlo. Mientras lo buscaba—añadió— encontré un montón de cosas.

Ese lápiz de cejas probablemente llevaba años allí, escondido bajo la suciedad que se acumula en un respiradero. Cuando Donny dejó caer su dinero y abrió el respiradero, todo salió a la luz. Mis imaginaciones fueron vanos engaños y mentiras que me creí. Desconfiaba de Dave porque sabía que mi padre le había sido infiel a mi madre durante años. Luego mi primer esposo me fue infiel y terminé por no confiar en los hombres. Con el tiempo, aprendí que no podía castigar a Dave por lo que otros me habían hecho.

De esta experiencia aprendí una lección valiosa sobre evitar los celos en mi matrimonio. No aportan nada; destruyen al otro en vez de fortalecerlo.

Animo a todos a pedirle al Señor que los ayude a rechazar los celos a toda costa en sus relaciones y en su matrimonio. Los animo también a tomar en serio lo que dice 1 Corintios 13:1-4 sobre la verdadera naturaleza del amor. Si hacemos algo «religioso» que parece bueno por fuera, pero no tenemos amor genuino, solo hacemos ruido inútil, como un gong que resuena o un címbalo que retiñe y termina por irritar. Si buscamos al Señor y experimentamos Su amor, Él mismo nos enseñará a amar a los demás.

Capítulo 8

Sepan qué es y qué no es el amor (sección 2)

...ni [es] ofensivo. No exige que las cosas se hagan a su manera [no es arrogante ni está inflado de orgullo]. No se irrita [no es rudo] ni lleva un registro de las ofensas recibidas [no presta atención al daño recibido]. No se alegra de la injusticia sino que se alegra cuando la verdad triunfa. El amor nunca se da por vencido, jamás pierde la fe, siempre tiene esperanzas y se mantiene firme en toda circunstancia [sin debilitarse]. La profecía [el don de interpretar la voluntad y el propósito divinos], el hablar en idiomas desconocidos, y el conocimiento especial se volverán inútiles [perderán su valor y serán superados por la verdad]. ¡Pero el amor durará para siempre!

1 Corintios 13:5-8 (NTV)

Primera Corintios 13:5 ofrece un consejo esencial para toda pareja casada. Dice que el amor no es vanidoso (arrogante e inflado de orgullo); no es grosero (descortés) ni se comporta de forma inapropiada.

¿Cómo describirías el tono de las palabras y las acciones en tu matrimonio? ¿Cómo sonarían «por favor» y «gracias» en tu hogar? ¿Es algo que quienes viven allí casi nunca escuchan? Los buenos modales deberían ser parte natural de la convivencia matrimonial.

—Cariño, ¿me traerías algo de beber, por favor?

—¡Gracias, mi amor!

—¿Podrías sacar la basura, por favor?

—Te lo agradezco.

Muchas parejas acaban dándose órdenes a los gritos (entre ellos y a sus hijos) en lugar de pedir con cortesía y agradecer. De hecho, a menudo tratamos peor a quienes más amamos. Dios nunca es grosero ni exigente y nos llama a amar a los demás como Él nos demuestra Su amor.

El resto del versículo 5 dice que el amor de Dios en nosotros no se esfuerza por sus propios derechos ni por sus propios intereses, porque no busca lo suyo; no es susceptible, ni irritable, ni resentido; no se preocupa por el mal que se le hace (no presta atención a una injusticia sufrida). Cuando leo esto, solo puedo decir: «¡Guau!».

Si alguna vez has cargado con tu equipaje emocional (tu colección de rencores favoritos), te reto a dejar ese peso en el camino. Si sueles recordar todo el mal que te han hecho, decide soltarlo. Déjalo atrás. No te lleves recuerdos negativos. Déjalos y mira a tu cónyuge, a tu familia y a tu hogar con los ojos del amor de Dios.

Todavía hay momentos (cada vez menos) en los que permito que algo me duela de más. Cuando sucede, recuerdo que el amor «no lleva un registro de las ofensas recibidas» (v. 5), y puedo responder como nos instruye 1 Corintios 13.

Los versículos 6-8 dicen esto sobre el amor: «No se alegra de la injusticia sino que se alegra cuando la verdad triunfa. El amor nunca se da por vencido, jamás pierde la fe, siempre tiene esperanzas y se mantiene firme en toda circunstancia [sin debilitarse]. La profecía [el don de interpretar la voluntad y el propósito divinos], el hablar en idiomas desconocidos, y el conocimiento especial se volverán inútiles [perderán su valor y serán superados por la verdad]».

Te animo a releer estos cuatro versículos una y otra vez, pidiendo a Dios la gracia de vivirlos. Deja a un lado cualquier ofensa que estés cargando y recibe Su gracia y perdón para aprender a no prestar atención a los males sufridos.

Deja que Dios forme Su carácter en ti para no ser susceptible ni resentido, ni imponer siempre tu manera, como dice el versículo 5. Permite que te moldee para alegrarte cuando la verdad prevalezca (v. 6). A medida que crezcas en amor, elige creer lo mejor de tu cónyuge y dispón el corazón para soportar cualquier cosa negativa que venga. Deja que tu amor fabrique perseverancia para afrontar lo que llegue a tu vida y a tu matrimonio (v. 7).

Siempre puedes descansar en esta verdad: el amor nunca falla. Jamás pasará. El versículo 8 nos dice que el don de interpretar la voluntad y el propósito de Dios se cumplirá y desaparecerá, las lenguas cesarán y el conocimiento perderá su valor y será reemplazado por la verdad de Dios.

Todo es temporal, salvo la fe, la esperanza y el amor. Estos permanecerán, pero el mayor de todos es el amor, según 1 Corintios 13:13 (TLA): «Hay tres cosas que son permanentes: la confianza en Dios, la seguridad de que él cumplirá sus promesas, y el amor. De estas tres cosas, la más importante es el amor».

Si la más importante de todas es el amor y solo el amor es lo que permanece, ¿no deberíamos procurarlo con más empeño donde sea posible? Nuestra capacidad de amar a los demás es el único éxito que trascenderá a la eternidad.

Yo quiero tener éxito amando a Dios, a Dave, a mi familia y a todos los que me rodean. Nada más tendrá tanto valor. Si el amor no forma parte de mis recuerdos, nada de lo que haya hecho en la tierra valdrá la pena recordar.

Capítulo 9

Entiendan que el amor requiere sacrificio

En esto conocemos [de manera progresiva reconocemos, percibimos, entendemos] lo [esencial] que es el amor: en que Jesucristo entregó Su vida por nosotros. Así también nosotros debemos entregar la vida por [aquellos que son] nuestros hermanos [en Él].

1 Juan 3:16

El amor tiene un precio, pero amar a la gente es la única manera de hallar la verdadera felicidad en nuestra vida. Leí cuanto libro sobre el amor encontré y todos coincidían en definir qué es el amor, pero casi ninguno advertía que el amor exige sacrificio.

Como tendemos al egocentrismo, a nadie le entusiasma sacrificarse por los demás. Si bien amar a otros fuera de la familia inmediata implica sacrificios esporádicos, la convivencia diaria con el cónyuge deja poco espacio para el egoísmo. No hay mejor prueba de amor que renunciar a algo que deseas y hacerlo con buena actitud. Si estás casado, es importante cuidar a tu cónyuge y estar dispuesto a ceder de distintas maneras. Eso incluye sacrificar la libertad personal, la comodidad y el orgullo. Veamos cada caso para entender por qué vale la pena cuando toque hacerlo.

EL SACRIFICIO DE LA LIBERTAD PERSONAL

El amor nos llama a renunciar a cierta libertad personal. Si prometes amar a alguien, ya no podrás complacerte solo a ti mismo: no siempre verás lo que quieres en la televisión, ni irás solo donde te apetece, ni comerás siempre donde prefieres, ni comprarás cuanto deseas.

Cada día tenemos múltiples oportunidades de sacrificarnos por nuestra pareja y poner a prueba nuestro amor. Con frecuencia fallamos. Hechos 20:35 nos enseña que hay más bendición en dar que en recibir y ponerlo en práctica cuesta. En cambio, la mayoría buscamos imponernos porque no hemos aprendido a dar ni a ceder; no hemos visto que dar construye la relación.

Si nuestra actitud es bendecir, las bendiciones de Dios nos alcanzarán. ¿Qué pasaría en un matrimonio si las parejas compitieran por hacer más por el otro? Ya no nos quedaríamos en la cama pensando: «Si me quedo cinco minutos más, él o ella se levantará y me preparará el café», o «Si dejo la basura el tiempo suficiente, se cansará y la sacará solo». ¡Algunos podríamos esperar eternidades antes de que el otro prepare el café o saque la basura!

Nunca dejaremos de luchar con nuestra naturaleza egoísta; cada día habrá que vencerla. ¿Cuántas veces al día dejamos pasar oportunidades de ceder por nuestra pareja? La mayoría intentamos evitar lo que no nos conviene. El egoísmo rompe matrimonios, pero aprender a sacrificarnos los fortalece.

EL SACRIFICIO DE LA COMODIDAD

Quienes están casados a veces han de sacrificar tanto la comodidad física como la emocional. Mostrar emociones puede resultar incómodo, pero a veces es clave que tu pareja vea cómo te sientes. Al admitir tus necesidades emocionales, te vuelves vulnerable y eliges confiar. Abrirte de esta manera cuesta, pero crea confianza e intimidad como pocas cosas.

Yo animo a los esposos a abrazar y elogiar a sus esposas y decirles: «Te amo. Eres hermosa» y animo a las esposas a decirles a ellos: «Eres guapo. Eres importante para mí. Te quiero». Si les resulta difícil expresar cariño frente a frente, busquen alternativas (como escribir una tarjeta), pero empiecen a comunicar y encuentren maneras de hacerle saber a su cónyuge cómo se sienten. Uno de los mayores errores en el matrimonio es expresar solo quejas y olvidar los elogios.

Además de salir de la zona de confort emocional, a veces toca sacrificar la comodidad física por el bien de la relación. Un hombre puede cederle su abrigo a su esposa cuando tiene frío; quizá deba correr bajo la lluvia para sacar el auto del estacionamiento, o acercarla a la puerta para que no camine bajo la nieve. Ella puede madrugar para prepararle un desayuno nutritivo en un día ajetreado, o dormir con una manta extra para que el termostato quede tan frío como a él le gusta.

EL SACRIFICIO DE TU ORGULLO

No hay lugar para el orgullo en una relación sana. La sencilla frase «lo siento» debería fluir con naturalidad, incluso cuando dudas de haber fallado. Romanos 12:16 dice que debemos vivir en armonía y no ser altivos. Esto aplica tanto al matrimonio como a cualquier otra relación.

¿Por qué cuesta tanto admitir errores? El orgullo se interpone. Sin disposición a decir «me equivoqué», será difícil sostener una buena relación. Sé que son palabras difíciles, sobre todo si estamos molestos, pero la bendición llega cuando nos tragamos el orgullo y dejamos que la humildad y el amor guíen.

En Jesús vemos a alguien dispuesto a entregarse por quienes ama. Juan 13:1-17 relata cómo lavó los pies de sus discípulos en la última Pascua antes de la crucifixión, sabiendo que pronto regresaría al Padre. El versículo 1 declara: «Habiendo amado a los suyos que estaban en el mundo, los amó hasta el fin».

El máximo grado de amor es sacrificarse por los demás. Jesús llegó a morir en la cruz, entregándose por nosotros para que tuviéramos vida eterna: «Porque tanto amó Dios al mundo que dio a su Hijo único, para que todo el que cree en él no se pierda, sino que tenga vida eterna» (Juan 3:16).

El acto de Jesús de lavar los pies a sus discípulos fue un gesto de humildad y servicio para mostrar cuánto los amaba (Juan 13:1-5). Él, consciente de quién era, siendo el mayor, se hizo siervo. El orgullo nunca ha impedido que el Señor muestre Su amor por quienes ama, incluyéndonos. Si amas con el mayor amor, estarás dispuesto a servir.

Después de que Jesús terminó de lavar los pies de los discípulos, dijo en Juan 13:12-14:

> Cuando terminó de lavarles los pies, se puso el manto y volvió a su lugar. Entonces les dijo:
>
> —¿Entienden lo que he hecho con ustedes? Ustedes me llaman Maestro y Señor y dicen bien, porque lo soy. Pues, si yo, el Señor y el Maestro, les he lavado los pies, también ustedes deben lavarse los pies los unos a los otros.

Luego, Jesús dijo en Juan 13:34: «Este mandamiento nuevo les doy: que se amen los unos a los otros. Así como yo los he amado, también ustedes deben amarse los unos a los otros».

La Biblia dice: «El Hijo del hombre no vino para que le sirvan, sino para servir y para dar su vida en rescate por muchos» (Mateo 20:28). De igual manera, no debemos buscar ser servidos, sino servir. En el matrimonio, esto significa que haré por Dave cosas que tal vez no elegiría hacer y que él hará por mí cosas que quizá no quiere hacer.

Debemos ser sensibles a las necesidades del cónyuge, incluso en lo pequeño; dejar el orgullo a un lado y servir con sinceridad. ¿Qué pasaría si cada mañana oraras pidiendo a Dios que te mostrara un gesto concreto para demostrar amor a tu pareja ese día? Estoy segura de que verías buenos frutos.

El amor es lo que hacemos el uno por el otro y su esencia es el sacrificio. Si se lo pides a Dios, te inspirará ideas creativas para bendecir a tu cónyuge renunciando a algo: quizá libertad, comodidad u orgullo, o algo distinto. El costo de una atención amorosa es mínimo comparado con el costo de dejar que la relación se deteriore. Muchas relaciones no crecen porque la pereza impide el sacrificio y los buenos actos hacia el cónyuge. Debemos resistir el egoísmo y recordar que los pequeños gestos marcan grandes diferencias. También es clave aprender a servirnos unos a otros, porque el amor implica sacrificio.

Una noche, fui rápido a buscar algo de beber, deseando volver a lo que hacía, cuando sentí que debía preguntarle a Dave si él también quería algo. Dios no tuvo que decirme: «Joyce, pregúntale a Dave si quiere un refresco». En mi corazón lo sabía. Nuestra naturaleza egoísta solo piensa en lo propio, pero a menudo las pequeñas acciones forjan relaciones sólidas y cumplen la instrucción del Señor de lavarnos los pies mutuamente (Juan 13:14).

Es un acto de humildad decir: «Estoy dispuesto a servirte. Quiero servirte» y la humildad es necesaria en el matrimonio. Los cónyuges están llamados a sacrificarse y servirse. Es sacrificio y servicio; una y otra vez. Si casi no ha habido sacrificio ni servicio entre tú y tu cónyuge, comienza con pequeños gestos de amor para mostrar consideración. No empieces con la actitud: «¿Y tú qué haces por mí?». En cambio, dispón el corazón para servir.

Si estudiamos la Palabra de Dios y obedecemos lo que pone en el corazón, seremos bendecidos y hallaremos alegría. *Podemos* tener matrimonios fuertes y sanos, pero necesitamos estar dispuestos a sacrificarnos y servir.

PARTE 4

Claves para ser buenos cónyuges

Capítulo 10

Acéptense tal como son

Por tanto, no hay ninguna condenación [no se puede juzgar culpable de error] para los que están unidos a Cristo Jesús, los que no andan conforme a la carne, sino conforme al Espíritu.

Romanos 8:1 (RVC)

El matrimonio tiene muchas facetas y hay muchas claves para ser un buen cónyuge. No puedo explicarlas todas en este libro, pero sí quiero destacar algunas que considero esenciales. Empecemos con el hecho de que, para ser un buen cónyuge, antes necesitas aceptarte a ti mismo.

Ser capaz de aceptarte tal como eres, con tus fortalezas, límites y particularidades, es vital. De hecho, creo que el primer paso para amar a alguien (incluido tu cónyuge) es aprender a amarte y apreciarte. Cuando te digo que te ames, no me refiero a un amor egoísta y egocéntrico, sino a recibir el amor de Dios y amar a la persona que Él ideó que fueras al crearte.

Amarte y quererte comienza con la aceptación. Si no te tienes aprecio, te costará que otros te aprecien y no podrás ayudar a tu cónyuge a quererse a sí mismo. Gastarás energía en demostrar tu valía y en protegerte, y las personas centradas en sí mismas no pueden servir a los demás, como lo hizo Jesús. Estoy convencida de que la sanidad no llega a un matrimonio hasta que al menos uno de los cónyuges encuentra al Sanador.

La sanidad empieza al aceptarte, sabiendo que el lugar donde estás hoy no es tu destino final y entendiendo que Dios sigue trabajando tanto en ti como en tu cónyuge. Si aprendes a aceptar el amor incondicional de Dios, reconociendo que Él no te ama por lo que haces, sino porque Él es amor, tu corazón se llenará de gozo y te resultará más fácil amar a tu cónyuge sin condiciones.

Dios puede amarte simplemente porque quiere. No necesita una razón. No nos ganamos ni merecemos Su amor. Él no quiere que busquemos impresionar a la gente; quiere que la amemos.

En la primera reunión que me tocó enseñar, quería ser la «mujer del momento con el mensaje de poder», así que dije:

—Dios, ¿qué quieres que enseñe? ¿Qué quieres que comparta?

—Quiero que les digas a mis seguidores que los amo —me respondió el Señor.

Yo le dije:

—Oh, Dios, no voy a seguir con el pequeño mensaje de Juan 3:16. Ya todos deben saber que los amas.

Entonces me hizo entender que no todos lo saben de verdad. De hecho, son pocos los que lo creen en lo profundo. Si comprendieran Su amor, vivirían de otra manera.

La primera evidencia del amor de Dios es que expulsa el temor (1 Juan 4:18). Cuando entendemos cuán profundamente nos ama Dios, Su amor echa fuera el miedo y la inseguridad. Esto es crucial en el matrimonio. Ahora sé que nunca podría haber sido la esposa que Dios quería que fuera para mi esposo hasta recibir personalmente Su amor. No me amaba a mí misma; tuve que dejar que Él me amara. Es humilde reconocer que Dios te ama cuando sabes que no lo mereces, pero ese amor sana.

Una mañana, mientras oraba para que mi ministerio creciera, el Señor me recordó que no avanzaría hasta hacer lo que ya me había dicho respecto de mi esposo. Yo sabía a qué se refería: no estaba mostrando el debido respeto a Dave. Discutía por minucias, cosas que debí haber pasado por alto. Tenía una actitud obstinada, terca y rebelde. Dios había tratado conmigo una y otra vez sobre estos asuntos, pero me negué a escuchar.

Muchos de nosotros batallamos con actitudes obstinadas y tercas. Creemos que obedecemos la Palabra y nos preguntamos por qué no vivimos sus bendiciones. Si bien el amor de Dios es incondicional, sus bendiciones se disfrutan al obedecer. Santiago 1:22 (RVR1960) dice: «Pero sed *hacedores* de la palabra [obedezcan el mensaje] y no tan solamente oidores, engañándoos a vosotros mismos» (énfasis propio). No basta con leer la Palabra, ni con aprenderla o confesarla; al *hacer* lo que Él dice se liberan las bendiciones.

En los primeros años de mi matrimonio con Dave, me costó aceptar su liderazgo porque yo tenía una voluntad muy fuerte y seguía a la defensiva por el abuso de mi infancia. Y me perdía las bendiciones que Dios anhelaba que disfrutara.

Después de orar esa mañana, fui a ducharme en el baño nuevo que Dave acababa de instalar junto a nuestra habitación. Como aún no había toallero, dejé mi toalla en el inodoro y comencé a ducharme.

Dave lo vio y me preguntó:

—¿Por qué pusiste tu toalla ahí?

De inmediato se me agitaron las emociones.

—¿Qué tiene de malo ponerla ahí? —respondí con sarcasmo.

Dave contestó con su lógica de ingeniero:

—Bueno, como todavía no tenemos tapete, si pones tu toalla más cerca de la ducha, al salir no salpicarás agua en el alfombrado del piso al alcanzarla.

—Bueno, ¿y qué más da si mojo un poco la alfombra? —repliqué molesta.

Al notar mi ánimo, Dave se encogió de hombros y siguió su camino.

Al final hice lo que Dave sugirió, pero tiré la toalla al suelo con rabia. Hice lo correcto con la actitud equivocada. Dios quiere que lleguemos a hacer lo correcto con la actitud correcta.

Al entrar en la ducha después de arrojar la toalla, estallé por dentro.

«¡Por Dios! —me dije—. ¡Ni siquiera puedo ducharme tranquila! ¿Por qué no puedo hacer nada sin que alguien quiera decirme qué hacer?».

En mi frustración, me quejé sin parar.

Aunque era cristiana y ya predicaba, carecía de dominio sobre mente, voluntad y emociones. Pasaron tres días hasta que mi alma se aquietó y pude superar el episodio de la toalla.

Supongo que durante esos tres días fui metal que resuena y címbalo que retiñe (1 Corintios 13): mucha bulla y poco amor. Ciertamente no me inspiraba la «devoción racional, intencional y espiritual», como se menciona en 1 Corintios 13:1 (mis comentarios al versículo en capítulos anteriores). ¡Entregué mi paz y mi alegría por una toalla! Si estás luchando por alcanzar la madurez espiritual, no estás solo.

El amor es madurez en toda su extensión. Es un regalo sacrificial a otra persona. Si el amor no te cuesta nada, quizá no estés amando. Si no hay sacrificio en nuestras acciones, tal vez solo respondemos a algo bueno que nos hicieron, o fingimos amabilidad para controlar. El amor suele ser inmerecido por parte de quien lo recibe. Así también nosotros no merecíamos el amor de Dios y, sin embargo, Él nos lo dio.

Jesús dijo: «Si ustedes aman solamente a quienes los aman, ¿qué recompensa recibirán?» (Mateo 5:46). También dijo que debemos amar a nuestros enemigos (Mateo 5:44). ¿Cuánto más a nuestra familia? Señaló que el Padre bendice a malos y buenos con sol y lluvia (Mateo 5:45) y, como hijos suyos, debemos reflejar esa gracia con personas dignas e indignas. En Mateo 5:48 nos llama a crecer en madurez en mente y carácter, alcanzando la altura apropiada de virtud e integridad.

Aceptarte a ti mismo significa que has encontrado al Sanador y has recibido Su amor incondicional. Cuanto más vivas en ese amor, más plenamente podrás amar a tu cónyuge.

Capítulo 11

Comprendan a su cónyuge

> ...que sus miembros se preocupen por igual unos por otros.
>
> 1 Corintios 12:25

La vida nos presenta innumerables oportunidades de división y los matrimonios son especialmente vulnerables. Si esposos y esposas no aprenden a trabajar juntos, el conflicto terminará por imponerse. Cada persona (y cada cónyuge) es distinta: sentimos de manera diferente y deseamos cosas distintas. Aun así, Dios anhela que Su pueblo viva en armonía y unidad (Efesios 2:14-16). Eso se logra al comprender, valorar y honrar al otro.

Conviene ser considerados con nuestras diferencias. Por lo general, no sirve decirle a una mujer que no se deje llevar por las emociones ni a un hombre que deje de ser lógico. Sé que estas descripciones simplifican, pero muchos estudios muestran tendencias: en general, ellas se inclinan más a lo emocional y ellos a lo racional. Dios nos diseñó con preferencias, fortalezas y debilidades distintas para enriquecernos, no para herirnos.

Cuando algo me duele, no quiero un sermón ni un análisis frío; quiero que Dave lo entienda. También sé que debo ayudarlo a comprender lo que necesito. Él no desea verme sufrir y, por eso, intenta convencerme de que no me sienta mal; pero yo lo que más necesito es que me ame, me abrace y, si hace falta, que comparta el dolor conmigo.

Una vez, cuando estaba dolida por un comentario, él intentó animarme a «depositar mis preocupaciones en el Señor». Le dije que no era lo que quería oír. Al final propuso ir a jugar al golf y, camino al campo, comentó: «No dejes que el diablo te arruine el día aferrándote al dolor que sientes». Luego añadió con cariño: «Pero sí lo entiendo. De verdad, entiendo que es difícil dejar de pensar en lo que te ha hecho daño».

En cuanto mostró que entendía por qué estaba sufriendo, el dolor comenzó a disiparse y me relajé. Todo estuvo bien porque me dio lo que más necesitaba: había dicho «Entiendo cómo te sientes».

«Entiendo cómo te sientes» es una frase poderosa. Si no te llevas nada más de este capítulo, quédate con esto: decir «Entiendo cómo te sientes» produce mucho fruto en la relación con tu cónyuge. A veces no buscamos un sermón, sino un amigo; alguien que nos acompañe en el dolor o que esté presente sin necesidad de decir nada.

Debemos aprender a tratarnos con respeto. Incluso cuando Dave y yo no estamos de acuerdo, puedo hablarle con amabilidad. Si yo quiero una cosa y él otra, no necesito recurrir a la aspereza ni al sarcasmo: puedo expresar mi preferencia con respeto y resolver las diferencias con madurez y buen ánimo.

Según las Escrituras, los hombres deben ser considerados con sus esposas y las mujeres han de disfrutar de sus esposos con verdadera admiración (1 Pedro 3:1-2,7). Cuando entendemos bien estos versículos y cómo vivirlos, se vuelve evidente por qué a tantos hogares hoy les faltan paz y alegría.

Alguien tiene que dar el primer paso en el plan de Dios para el hogar. En tu matrimonio, ¿quién será el primero? Así como los esposos considerados inspiran amor en sus esposas, las esposas devotas que demuestran un profundo amor inspiran a que «sean comprensivos en su vida conyugal» (1 Pedro 3:7). El matrimonio es bilateral y Dios instruye tanto a ellos como a ellas: hace falta cooperación mutua para que funcione bien.

Efesios 5:33 lo resume bien:

> En todo caso, cada uno de ustedes [sin excepción] ame también a su esposa como a sí mismo y que la esposa respete a su esposo [que lo tenga en cuenta, lo considere, lo honre, lo prefiera, lo venere y lo estime; y que lo delegue, lo alabe, lo ame y lo admire sobremanera].

Algo maravilloso nos sucedió a Dave y a mí con los años: hoy puedo decir con honestidad que prefiero estar con mi esposo antes que con cualquier otra persona. Me trata tan bien que me encanta estar con él. Sería difícil preferir a alguien que me menospreciara, se burlara de mí o ignorara mis necesidades.

Aunque un cónyuge bondadoso puede marcar la diferencia (como hizo Dave en nuestros primeros años), un matrimonio sólido siempre es cosa de dos. Ambos nos hemos esforzado por comprendernos.

Cuanto más entendemos el punto de vista del otro, más crece el amor. La comprensión produce buen fruto: nos despierta un interés genuino y nos ayuda a saber cómo atender las necesidades de cada uno.

Capítulo 12

Sean abnegados

La religión pura y sin mancha [la religión tal como se expresa en los actos externos] delante de Dios nuestro Padre es esta: atender a los huérfanos y a las viudas en sus aflicciones y conservarse limpio de la corrupción del mundo.

Santiago 1:27

Todos deseamos la felicidad en el matrimonio, pero esta exige la voluntad de obedecer los caminos de Dios: ser generosos y estar dispuestos a dar. Santiago 1:27 afirma que nuestra adoración y fe en Cristo deben tener una expresión externa visible. A esas expresiones las llamamos buenas obras, pero han de comenzar en casa y realizarse con motivos honorables y piadosos. Si hacemos algo «bueno» con la motivación equivocada,

Dios no lo considera buena obra, sino «obras de la carne» (Gálatas 5:19). Santiago 1:27 explica que la adoración que se expresa en actos externos debe ser «pura y sin mancha delante de Dios Padre» y pone como ejemplos cuidar de huérfanos y viudas y mantenerse «limpio de la corrupción del mundo». Eso es adoración aceptable a los ojos de Dios.

Según Santiago 1, estas expresiones externas de tu fe demuestran que tu relación con Dios es real:

- Refrena tu boca y sé lento para hablar (1:19,26).
- Escucha y no te ofendas ni te enojes (1:19-20).
- Ayuda a quienes sufren (1:27).
- Vive una vida santa (1:21,27).

¿Ves que cada una de estas acciones requiere abnegación y entrega? Si te centras en ellas, verás la bendición de Dios derramarse en tus relaciones. Te bendecirás a ti mismo, a tu cónyuge, a tu familia, a tus amigos y a Dios. La felicidad abundará y el éxito te seguirá, aunque lleve tiempo. Los caminos de Dios son sencillos y verdaderos; obedecer sus instrucciones conduce a bendiciones profundas. No te desgastes tratando de «autobendecirte»: obedece los principios de Dios y Él te bendecirá.

Una vida santa comienza por desalojar el egoísmo. La paradoja de la felicidad es que llega cuando te olvidas de ti y vives para ayudar a los demás. He comprobado que no puedes ser feliz si piensas todo el tiempo en ti mismo. Pasé muchos años como cristiana infeliz: quería lo que quería y a mi manera. Al inicio de mi matrimonio con Dave, cuando no era feliz, lo culpaba. Solo pensaba en qué podía hacerme feliz.

Creía que todos mis problemas eran culpa de Dave. Pensaba: «Si dejara de hacer esto o aquello, sería feliz». O: «Si no tuviera que trabajar, sería feliz». Cuando dejaba de trabajar y me aburría, pensaba: «Si pudiera trabajar, sería feliz». «Si pudiera salir y estar con adultos todo el día, en vez de con los niños, sería feliz». Un día Dave me dijo: «Mira, querías dejar de trabajar y te lo permití. Eso nos afectó económicamente y, además, ahora tampoco eres feliz por no trabajar. Si quieres trabajar, vuelve a hacerlo; pero entonces no serás feliz porque querrás dejar de trabajar».

Siguió: «Joyce, he hecho todo lo que puedo para hacerte feliz. Me rindo; no sé cómo lograrlo. Adivina qué: estoy cansado de intentarlo». Y concluyó con tristeza: «Puedes ser feliz si quieres; si no quieres, me niego a ser infeliz contigo».

Gracias a Dios, hace más de cincuenta años comprendí que pensaba demasiado en mí. Aún hoy debo mantener la libertad ganada, oponiéndome al egoísmo y al egocentrismo, recordando ser adaptable, no hacer una montaña de un grano de arena y otras decisiones similares.

Antes de cerrar este capítulo, piensa cuántos matrimonios se salvarían si la gente no fuera tan egoísta. Quizá puedas imaginar un matrimonio al borde del desastre, en el que ambos son infelices y la raíz de los problemas no es otra que el egoísmo. Si ese es el tuyo, pídele a Dios que te ayude a empezar a cambiar hoy mismo.

Romanos 14:17 (RVC) nos enseña que el egoísmo no tiene cabida en el reino de Dios, es decir, en una vida piadosa: «el reino de Dios no es cuestión de [obtener] comida ni de bebida [que a uno le gusta], sino de justicia [ese estado que hace a la persona aceptable a Dios], paz [del corazón] y gozo en el Espíritu Santo». Debemos buscar «primeramente el reino de Dios y su justicia [su manera de hacer y ser recto], entonces todas estas cosas [lo básico que necesitamos] les serán añadidas» (Mateo 6:33). Todos deseamos matrimonios buenos y placenteros; el camino para lograrlos es buscar primero el reino de Dios.

Nuestras prioridades deben alinearse con la Palabra y seguir el orden divino. Estoy segura de que a Dios le entristece que muchas personas busquen Su mano por lo que puede darles y no Su rostro ni Su presencia. Necesitamos acudir a Dios no por lo que hace, sino por quién es. Lo necesitamos cada día. Sin Jesús, no tengo gozo, paz ni justicia.

Jesús dijo: «El reino de Dios está [en sus corazones y] entre ustedes [rodeándolos]» (Lucas 17:21). Vivir conforme al reino implica responder a la vida diaria de otra manera que el mundo. Prestemos más atención a la vida interior disponible en Cristo. A menudo nos preocupa en exceso lo que otros piensen de nosotros, la apariencia, lo que poseemos, el auto que conducimos, el letrero de la oficina, el asiento en la iglesia o la posición que ocupamos. Deberíamos preocuparnos mucho más por la clase de pensamientos que albergamos.

La infelicidad echa raíces en el egoísmo. Si eres infeliz, examínate y pregúntate:

- ¿Qué está ocurriendo dentro de mí que no agrada a Dios?
- ¿Qué actitudes negativas mantengo?
- ¿Soy celoso, amargado o resentido?
- ¿Cuántas personas me han ofendido?
- ¿A cuántas no he perdonado?
- ¿Odio a alguien?
- ¿De cuántas personas tengo celos?

Si te ves reflejado en alguno de estos puntos, recuerda que no existe un «avance rápido». No hay victorias exprés con Dios. La única manera de ver cambios es aprender lo que dice la Palabra y empezar a hacerlo con constancia, día tras día, te guste o no. Las mejoras llegan al estar a solas con Dios, estudiar Su Palabra, confrontar las mentiras del diablo y obtener en Cristo victorias que ningún enemigo podrá arrebatarte.

Si eres infeliz, es probable que no tenga nada que ver con tu cónyuge. Tu descontento suele nacer de tu perspectiva de la vida. ¿Batallas con el egoísmo y te centras en lo que quieres, o encuentras gozo al enfocarte en las necesidades de tu cónyuge? Disfrutar la vida que Dios planeó para ti requiere madurez y dominio propio. Debes saber quién eres en Cristo y buscar paz y gozo en el Espíritu Santo. Tu cónyuge nunca será perfecto, pero no tienes por qué permitir que sus defectos te roben la alegría. Puedes elegir ser misericordioso, paciente y amable, creer siempre lo mejor y mantener la esperanza en un futuro bueno.

Capítulo 13

Préstense atención

En cambio, el fruto del Espíritu [la obra que realiza su presencia viviendo dentro de nosotros] es amor, alegría [gozo], paz, paciencia [un temperamento equilibrado, paciencia], amabilidad, bondad [benevolencia], fidelidad, humildad [mansedumbre, gentileza] y dominio propio [autocontrol, continencia]. No hay ley [que pueda imponer cargos] que condene estas cosas.

Gálatas 5:22-23

Comprender a tu pareja requiere comunicación, escucha, tiempo y transparencia. A veces hablamos y sentimos que nadie nos oye. Si quieres comprender a tu cónyuge, tómate el tiempo para escucharlo. Hay que entrenarse para escuchar de verdad. Por naturaleza, soy habladora, pero no buena oyente. Si no tengo cuidado, la mitad de las veces que Dave me habla no estoy escuchando realmente, porque ya estoy planeando mi respuesta a algo que dijo antes. Solo espero una pausa para intervenir en cuanto el otro se calla. Esa es una debilidad mía y he tenido que entrenarme para oír lo que dice.

Prestar toda nuestra atención puede ser un desafío, pero hacerlo con tu pareja es vital para la salud de la relación. Aprendan a mirarse a los ojos cuando conversan y a reconocer de algún modo que están escuchando. Incluso pueden practicar repitiendo lo que creen haber entendido, para que el otro confirme que lo han comprendido.

La transparencia nos cuesta a muchos. Una mujer no siempre expresa lo que realmente piensa: a menudo desea más de lo que dice y prefiere insinuar antes que comunicar con claridad sus necesidades. Por ejemplo, una esposa llega a su marido, visiblemente cansada y frustrada, y le dice: «Quiero irme de vacaciones. Creo que necesitamos un descanso. Siento que necesito un tiempo a solas contigo y un cambio de ritmo. Nuestra rutina se ha vuelto demasiado estresante. Solo necesito descansar y quiero irme un rato».

Sinceramente, no sabe qué le pasa, pero cree que aliviará su frustración cambiando de ambiente y bajando el ritmo. Así que acude a su esposo en busca de ayuda y propone unas vacaciones.

Él responde con lógica: «No podemos permitirnos unas vacaciones. Solo tenemos unos pocos cientos de dólares en el banco y *necesitamos* un cortacésped nuevo». Unas vacaciones no le parecen razonables cuando falta un cortacésped, así que refuerza su argumento diciendo: «Sabes que no podemos permitirnos irnos de vacaciones. ¿Por qué lo preguntas si sabes que no tenemos el dinero?».

Su lógica pasa por alto su necesidad emocional.

Ahora ella se siente no querida, incomprendida y rechazada. Él percibe que ella no entiende que unas vacaciones representan una presión económica fuerte, así que también se frustra. Al sentirse incapaz de proveer, busca que le aseguren que no está fallando, pero ella se retrae y él asume que está enojada con él.

¿Te resulta familiar? Ninguno se tomó el tiempo de comprender al otro. Si aprendiéramos a mirar a nuestra pareja, reconocer cuándo algo le duele o le molesta y descubrir cómo consolarla, animarla o fortalecerla... Si aprendiéramos a confiar más y a no suponer que al otro no le importa nuestro bienestar. Incluso si no fuera posible viajar, él podría haber dicho: «Sé que estás cansada y trabajas mucho. No podemos permitirnos unas vacaciones ahora mismo, pero ¿qué tal si salimos este fin de semana? Podemos ir a un buen restaurante y hacer lo que quieras».

Los mayores problemas en las relaciones nacen de pensar demasiado en nosotros y poco en el otro. El amor deja de lado el interés propio para atender a la otra persona. Cuando no nos damos el tiempo para comprender, nos distanciamos y perdemos lo mejor que Dios tiene para nuestra relación.

Una demostración de preocupación sincera puede convertirse en un pilar del amor. En el matrimonio, obsérvense, fomenten la comunicación, tómense el tiempo para buscar la verdad y examinen qué puede estar realmente mal. Una vez que lleguen a la raíz, podrán empezar a resolver. Alguien calculó que, para llegar al problema de fondo, hay que preguntar «¿Por qué te sientes así?» cinco veces. Ayuda a tu cónyuge a abrirse mostrando interés genuino. Pueden hacer preguntas concretas, como:

«¿Sucede algo?».
«¿Tuviste un mal día en el trabajo?».
«¿Había mucho tráfico?».
«Cariño, ¿te sientes bien?».

Consideren también: «¿Hay algo que pueda hacer por ti? ¿Hay algo que pueda hacer para ayudarte a sentirte mejor?».

La mayoría de las veces, una respuesta amorosa cuando uno de los dos está molesto puede transformar por completo la velada en algo hermoso y placentero. La Biblia dice: «La respuesta amable calma la ira, pero la agresiva provoca el enojo» (Proverbios 15:1).

Capítulo 14

Busquen la paz

No se preocupen por nada [no se inquieten ni se pongan ansiosos]; más bien, en toda ocasión, con oración y ruego, presenten sus peticiones a Dios [peticiones precisas] y denle gracias. Y la paz de Dios [ese estado tranquilo de un alma segura de su salvación por medio de Cristo, sin temer nada y contenta con su suerte terrenal, sea cual sea], que sobrepasa todo entendimiento, cuidará sus corazones y sus pensamientos en Cristo Jesús.

Filipenses 4:6-7

El matrimonio no es fácil y no es raro que las parejas tengan dificultades, incluso si son cristianas y desean honrar a Dios en su relación. Si más personas oraran por sus matrimonios, creo que verían cambios de paz en sus hogares. Con demasiada frecuencia, nos centramos en los problemas y no en nuestra relación con Dios; como resultado, perdemos la paz que Él quiere darnos.

Al principio de mi matrimonio con Dave, la paz era un concepto ajeno a mí por mi crianza. No sabía cómo buscarla en mi vida, en mi matrimonio ni en mi hogar.

Como mencioné, seis años después de nuestra boda Dave posiblemente había llegado al punto de que, si hubiera podido pedir una segunda oportunidad, le habría ofrecido a Dios otra costilla y le habría dicho: «Señor, ¿qué tal un nuevo modelo? ¡Este no funciona!». Afortunadamente, Dave no me cambió por una nueva esposa. Le pidió a Dios que me transformara en las áreas que nos causaban tanto dolor y, con el tiempo, empecé a cambiar.

Curiosamente, fue en esa época (cuando Dave intercedía por mí) que comencé a leer y estudiar la Palabra. Al hacerlo, todo pareció empeorar antes de mejorar, como suele ocurrir cuando alguien cambia. Empeoré porque la Palabra de Dios me estaba convenciendo de pecado. Por gracia, Dave no dejó de orar. Cuando él y yo hemos hablado en público de ese tiempo, le he oído decir: «Cuando oras por alguien en un área y empeora, ese no es el momento de dejar de orar. Es el momento de animarse. La gente suele rendirse cuando ora por alguien y la persona empeora porque cree que sus oraciones no funcionan. En realidad, Dios está empezando a tratar con esa persona y su carne se resiste». Eso fue exactamente lo que me pasó.

Si oras para que alguien cambie, es muy probable que pase por una transición que te haga pensar que tus oraciones no están funcionando. No te desanimes ni te rindas. Si perseveras en la oración durante ese período, lo superará y cambiará.

Con demasiada frecuencia, los cristianos dejan de orar porque quieren éxito instantáneo y respuestas inmediatas. Jesús nos enseña en Mateo 7:7 a seguir pidiendo, buscando y llamando hasta que la puerta se abra. Mateo 7:8 promete una respuesta: «Porque todo el que pide, recibe; el que busca, encuentra y al que llama, se le abre».

Mientras Dios trataba conmigo, me sentí más terca que nunca antes de empezar a mejorar. Puede molestarte descubrir que eres tú quien necesita cambiar y no la otra persona. Cuando Dave vio lo irritable que me estaba volviendo, se animó en lugar de desanimarse.

Es importante entender que el proceso lleva tiempo y Dios tiene todo el tiempo. No tiene prisa para cambiar a las personas ni para resolverlo todo. Sabe que la eternidad supera la longitud del presente. Trabajará con nosotros hasta completar la obra, por más que demore. Si ves que Dios está obrando en tu ser querido, no te rindas: alégrate y sigue orando.

También lleva tiempo recibir las bendiciones que Dios tiene para nosotros. Muchas personas desean cambios instantáneos cuando oran. No funciona así. Pasamos por un aprendizaje, una metamorfosis similar a la de la oruga que se convierte en mariposa. En ese proceso suceden muchas cosas. Cuando Dios complete Su obra en tu matrimonio, no te arrepentirás del camino recorrido para llegar a donde Él quiere que estés; la felicidad será tan plena que el proceso ya no importará.

Necesitamos determinación y compromiso para no rendirnos a mitad de camino. Dios tiene algo grande para ambos cónyuges cuando dice que se convertirán en uno. Si tienes problemas en tu matrimonio, *no te rindas*. Soy prueba viva de que las cosas pueden mejorar gracias a la oración y a aprender a hacerlas a la manera de Dios. No cometas el error de pensar que todo es culpa de la otra persona. Normalmente se necesitan dos para crear un problema; considera que quizá tú también debas cambiar algo.

Creo que muchas parejas se divorcian tras años de matrimonio porque no se les ha enseñado a enfrentar a los enemigos del matrimonio: el orgullo y el egocentrismo, entre los peores. Es posible encontrar modelos sanos y positivos, pero hay que buscarlos: personas con relaciones estables que han sido pacientes y han superado dificultades; saben que la hierba no siempre es más verde al otro lado. Los seguidores de Cristo deberíamos mostrar al mundo cómo es un matrimonio piadoso; sin embargo, la tasa de divorcio entre cristianos hoy apenas difiere de la de los no creyentes.

Vivimos en una sociedad que lo quiere todo al instante. La mayoría desea que todo se arregle de inmediato, pero para que algo sea sólido debe pasar por un proceso. Uno de los principios que nos ha guiado en el ministerio desde sus inicios es: «Lento y sólido; rápido y frágil». Si algo ocurre rápido, probablemente no dure ni sea eficaz; si es lento, tendrá solidez y sustancia, y es más probable que perdure. La Carta de Pablo a los Efesios dice mucho sobre el proceso de establecer tanto la familia como la iglesia. Enseña claramente que las fuerzas espirituales de maldad vendrán contra nosotros a medida que nos fortalezcamos en el Señor (Efesios 6:10-12) y, cuando lo hagan, debemos ponernos toda la armadura de Dios:

> Por lo tanto, pónganse toda la armadura de Dios, para que cuando llegue el día malo [el día peligroso] puedan resistir hasta el fin con firmeza. Manténganse firmes [no se muevan de su territorio], ceñidos con el cinturón de la verdad, protegidos por la coraza de justicia.
>
> Efesios 6:13-14

Si revisas los casos en que pareció que Dios trajo respuestas inmediatas, verás que quienes oraron por ellos habían estado perseverando mucho tiempo. Recuerda: Dios responde mediante un proceso de acontecimientos y no debemos abandonar la esperanza antes de que responda. Puede que veas Su respuesta *manifestarse* de repente, pero probablemente Él ha estado obrando «entre bambalinas» durante largo tiempo. Anímate: si confías en Dios y oras, Él está actuando en tu situación, aunque aún no lo veas. En eso consiste la fe: es la certeza de lo invisible (Hebreos 11:1).

Capítulo 15

Utilicen el poder del acuerdo

¡Cuán bueno y cuán agradable es que los hermanos convivan en armonía! Es como el buen aceite que, desde la cabeza, va descendiendo por la barba, por la barba de Aarón [el primer sumo sacerdote], hasta el borde de sus vestiduras [consagrando la totalidad de su cuerpo]. Es como el rocío de Hermón que va descendiendo sobre los montes de Sión. Ciertamente allí el Señor envía su bendición, vida para siempre [en lo más alto y lo más bajo].

Salmos 133

Un matrimonio piadoso produce unidad entre los cónyuges y la unidad conduce a la paz. En ese lugar de acuerdo, el Señor envía bendición y vida a medida que Su unción desciende sobre un hogar y una relación llenos de Su paz. Mi anhelo es que, al ver la bendición que espera a quienes llegan a un acuerdo, deseen encontrar y proteger ese lugar de paz en su propio matrimonio y usarlo como arma cuando el enemigo intente dividirlos.

En un seminario que impartí sobre rasgos de personalidad, me pregunté en voz alta qué sucedería si dos personas con temperamento colérico (fuertes, con tendencia a tomar las riendas) se casaran. Alguien sugirió: «Se matarían». Otra persona respondió: «Mi esposo y yo somos coléricos y lo hemos estado pasando mal, pero nos alegra escuchar esta enseñanza sobre las personalidades porque ahora nos damos cuenta de que, si alguna vez nos ponemos de acuerdo sobre un objetivo, ¡más vale que todos los demás tengan cuidado, porque sucederá!».

Eclesiastés 4:9-12 dice:

> Mejor son dos que uno, porque obtienen más fruto de su esfuerzo. Si caen, el uno levanta al otro. ¡Ay del que cae y no tiene quien lo levante! Si dos se acuestan juntos, entrarán en calor; uno solo ¿cómo va a calentarse? Uno solo puede ser

> vencido, pero dos pueden resistir. ¡La cuerda de tres hilos no se rompe fácilmente!

La cuerda de tres hilos representa el poder que surge cuando dos personas acuerdan algo conforme a la voluntad de Dios. Cuando dos se unen, se libera un poder del cielo para bendecir sus vidas. Mateo 18:19-20 nos ayuda a comprender las bendiciones que esperan a quienes habitan en unidad:

> Además les digo que, si dos de ustedes en la tierra se ponen de acuerdo [armonizan, crean una sinfonía] sobre cualquier cosa que pidan [cualquiera sea], les será concedida por mi Padre que está en el cielo. Porque donde dos o tres se reúnen [se convocan como mis seguidores] en mi nombre, allí estoy yo en medio de ellos.

Me llevó tres años de matrimonio con Dave empezar a ceder e intentar llegar a un acuerdo con él. La primera vez que procuré ver su camino fue con el golf. Mientras no estábamos en armonía, yo era la que se sentía miserable. Al final también lo hice miserable, pero mi propio sufrimiento se volvió insoportable. No imaginaba lo mucho que podíamos divertirnos en el campo si simplemente me ponía de acuerdo con Dave.

Cuando exiges que todo se haga a tu manera, terminas sufriendo más que nadie. Yo quería que él dejara de jugar, pero Dios quería que yo empezara a jugar con él. Finalmente le pedí que me enseñara y, después de superar el asombro por mi petición, me enseñó. Jugamos juntos unos veinte años, hasta que desarrollé tendinitis en el codo y ya no pude jugar sin dolor.

No te empecines en tu idea. Decide en tu corazón revisar cada desacuerdo con tu cónyuge para discernir qué puede hacer Dios si ambos llegan a un acuerdo. Es probable que la falta de acuerdo te esté haciendo perder la respuesta que esperas.

Pueden disfrutar mucho de su matrimonio cuando comienzan a estar de acuerdo. ¿Sabías que Dios no los creó para ser desdichados? No los creó para pelear, para molestarse, para intentar cambiarse o solo para comprar una casa juntos. Eclesiastés 9:9 dice que debemos «vivir gozosamente» con nuestro cónyuge. Piénsalo: pocas veces oigo a una mujer decir: «¿Sabes qué? Disfruto mucho de mi esposo». Y Dios quiere que nos disfrutemos. Quiere que nos divirtamos juntos. Es importante reír y divertirnos como esposos.

Para que dos voluntades se alineen, tendrán que someter muchas situaciones a Dios y decir: «Padre, si no tengo razón, cambia mi opinión o mi voluntad». Dios es quien nos lleva al acuerdo, tanto con Su voluntad como con Su propósito para nuestra vida. Cada cónyuge debe estar dispuesto a acordar con el otro.

La personalidad de Dave y la mía son muy distintas. Somos polos opuestos en muchos sentidos. Sin embargo, Dios nos ha ido uniendo cada vez más a lo largo de los años. Ahora pensamos de forma más parecida y deseamos muchas de las mismas cosas. Seguimos siendo diferentes, pero ahora vemos que Dios unió nuestras diferencias a propósito. No fue casualidad: Él sabía que cada uno tenía fortalezas y debilidades que complementarían al otro al convertirnos en uno.

«¿Por qué no eres como yo?» ya no es una pregunta en nuestro corazón. Dave y yo entendemos que nos necesitamos para ser exactamente lo que Dios ideó que fuéramos. Ya no criticamos las debilidades del otro; preferimos compartir nuestras fortalezas y disfrutarnos mutuamente.

Amós 3:3 pregunta: «¿Pueden dos caminar juntos sin antes ponerse de acuerdo?». Dos personas que van en direcciones opuestas son difíciles de unificar. Mateo

18:19 dice: «Además les digo que, si dos de ustedes en la tierra se ponen de acuerdo [armonizan, crean una sinfonía] sobre cualquier cosa que pidan [cualquiera sea], les será concedida por mi Padre que está en el cielo».

Si Dios encuentra dos personas en la tierra que estén de acuerdo, básicamente dice: «Cualquier cosa que esas dos personas pidan, yo la haré». No se trata de coincidir solo en un punto, sino de vivir de acuerdo: caminar en amor y unidad para experimentar paz, gozo y sus bendiciones.

No hay dos personas en una posición más estratégica para ponerse de acuerdo que una pareja casada. Dios ha hecho tanto por Dave y por mí desde que dejamos atrás las disputas y aprendimos a ser humildes hasta el punto de no necesitar tener siempre la razón. En casa surgían discusiones por nimiedades que no importaban en absoluto (como si girar a la izquierda o a la derecha al salir de la urbanización cuando ambas calles llevaban a la misma tienda).

Si quieres poder en tu matrimonio (y en tu vida de oración), es necesario deshacerse de las disputas, eliminar cualquier rastro de ellas en el hogar y comprometerse a encontrar la manera de llegar a un acuerdo. Puedes aprender a discrepar de forma agradable sin generar conflicto. No digo que tú y tu cónyuge tengan que pensar exactamente igual, pero si se respetan, pueden discrepar cortésmente diciendo algo como: «Bueno, cariño, no estoy de acuerdo, pero respeto tu derecho a tu opinión».

Tenemos *derecho* a pensar por nosotros mismos. Si queremos buenas relaciones, debemos respetar las opiniones distintas, especialmente las de nuestra pareja. Uno de nuestros grandes tropiezos es que dibujamos un pequeño cuadrado de cómo creemos que debería ser todo e intentamos meter a los demás ahí.

La gran pregunta es *cómo* se ponen de acuerdo quienes no comparten una misma opinión. La voluntad representa tus deseos y anhelos. A medida que creces en Cristo, dejas de centrarte tanto en ti. Sin Cristo, el foco estará siempre en ti mismo; con Cristo en el centro, verás las necesidades de los demás, sentirás compasión y querrás ayudarlos a alcanzar sus deseos también. Si quieres una buena relación en casa, aprende a dejar de lado tus preferencias por el bien de la familia.

Hace poco intenté aconsejar a Dave sobre algo. Pronto noté que no quería mi opinión; me rendí y le dije: «Está bien, hazlo como quieras». Eso es mucho más sencillo que discutir por algo en lo que no coincidimos.

En otra ocasión tuvimos que afrontar una situación y no lográbamos ponernos de acuerdo. Decidimos llamar a cinco personas piadosas para pedirles consejo. Antes de reunirnos, acordamos acatar lo que nos dijeran y así se resolvió. A veces toca mantenerse firme, pero la mayoría de los desacuerdos son menores y no vale la pena pelear.

El acuerdo llega cuando las personas dejan de ser egoístas. Muchos cristianos aún luchan con el egoísmo: «Quiero lo que quiero cuando lo quiero y no me importa lo que quieras; yo quiero lo mío». Esa es una postura inmadura centrada en uno mismo.

Si cada cual aprende a expresar sus deseos, pero elige lo que más conviene y sirve al bien de la familia, encontraremos paz. La clave es interesarnos por las necesidades del otro y estar dispuestos a humillarnos para hacer lo que podamos por satisfacerlas. Busquemos siempre un punto de acuerdo.

No hay recompensa en vidas egoístas y egocéntricas, pero las posibilidades son ilimitadas cuando vivimos en armonía con los demás. Dios promete darnos todo lo que pidamos conforme a Su voluntad.

PARTE 5

Claves para abordar tres problemas importantes en el matrimonio:

comunicación, dinero y sexo

Capítulo 16

Usen las palabras

> En la lengua hay poder de vida y muerte; quienes la aman comerán de su fruto [para vida o para muerte].
>
> Proverbios 18:21

Creo que muchas personas coincidirían en que tres de los temas que más dificultades causan en el matrimonio son la comunicación, el dinero y el sexo. La buena noticia es que podemos aprender a manejarlos de manera saludable. Un cónyuge puede tener opiniones o prioridades muy distintas a las del otro en estas áreas, pero con la guía de Dios las parejas pueden llegar a acuerdos y tomar decisiones que reflejen Su sabiduría. Dedicaré el resto del libro a estos temas.

No puedo exagerar la importancia de una buena comunicación en la relación matrimonial. Un matrimonio puede prosperar o decaer según la eficacia con que ambos se comuniquen. La comunicación va más allá de las palabras: también enviamos mensajes (a veces muy potentes) con el tono de voz, las expresiones faciales, los gestos y otras formas de lenguaje corporal. En el matrimonio, una de las partes puede sugerir juguetonamente que necesitan pasar tiempo íntimo a solas y la otra decir que sí, pero transmitir (por su lenguaje no verbal) que en realidad no tiene interés. Se han escrito libros enteros sobre la comunicación; aquí me centraré en la comunicación verbal, consciente de que *lo que decimos* y *cómo lo decimos* tiene poder.

La comunicación verbal eficaz es vital para construir una relación sólida. Si no desarrollamos buenas habilidades comunicativas, surgen problemas por simples malentendidos. Nos comunicamos por diversas razones y conviene establecer distintos tipos de comunicación para construir vínculos sanos. Veamos dos propósitos principales:

1. LA COMUNICACIÓN VERBAL TRANSMITE INFORMACIÓN

Hay intercambios cuyo único fin es compartir información que ambas partes necesitan. La información clara evita mucha confusión. En Ministerios Joyce Meyer pedimos a nuestro equipo que se comuniquen, se comuniquen y se comuniquen. Es asombroso el desorden que puede generarse cuando alguien no se molesta en decir qué hizo, qué planea hacer o qué no pudo hacer. Lo mismo aplica en el matrimonio y en el hogar.

Algunas personas parecen vivir en su propio mundo y no perciben la necesidad de compartir información. Tal vez no notan cuánto afecta a los planes de quienes conviven con ellas; pero ignorar esa necesidad es egoísta.

Una comunicación clara reduce la confusión y los malentendidos. ¿Qué tan difícil sería para una esposa decir: «Cariño, recuerda que Johnny tiene partido esta noche y tenemos que estar allí a las seis»? Es mucho mejor que omitirlo, que el esposo lo olvide y llegue a casa para encontrarla vacía sin saber dónde están su esposa e hijo.

Comunicar también es dejar pequeños recordatorios (de viva voz, con notas, mensajes de texto o en un chat familiar). Esos avisos ayudan a que se cumpla lo importante. Los recordatorios son más amables que los lamentos por haber perdido un evento o un plazo.

Soy comunicadora por naturaleza, pero a Dave a veces le viene bien que yo le recuerde comunicarse:

«Recuerda, tienes que ir al banco hoy».

«Recuerda, necesito esto para el fin de semana».

«Recuerda, llegaré una hora tarde esta noche».

«Recuerda, nuestro aniversario es el viernes y vamos a cenar».

Unas pocas palabras informativas pueden hacer mucho por la paz del hogar. La presunción y la suposición causan conflictos. ¿Cuál de estas maneras muestra más amabilidad y respeto?

- «Ah, casi se me olvida: voy a salir con los chicos esta noche. Estaba segura de que no te importaría».
- «Los chicos van a jugar a los bolos esta noche y me gustaría ir, si no interfiere con nuestros planes. ¿Hay algo que quisieras hacer o te parece bien que les diga que cuenten conmigo?».

La primera opción puede herir; la segunda es tan considerada que incluso podría animar a la esposa a ajustar sus planes.

2. LA COMUNICACIÓN VERBAL REFUERZA LA COMPAÑÍA Y CONSTRUYE UNIDAD

Hay conversaciones que simplemente enriquecen la comunión: hablar por hablar, compartir esperanzas y dudas. Eso edifica la confianza y la admiración mutua. No hace falta una agenda ni temas profundos; basta tiempo para un intercambio amistoso. Compartir información es hablar *uno al otro*; comunicarse es hablar *uno con el otro*.

Las parejas necesitan, con regularidad, un rato cara a cara sin distracciones. Lo conversado no tiene por qué ser trascendental; el regalo de la atención plena satisface esa soledad que a veces se siente aun viviendo bajo el mismo techo.

A veces le digo a Dave: «Ven, siéntate conmigo y tomemos un café». O, si hemos estado ocupados, lo busco y le propongo: «Almorcemos juntos». Aunque trabajamos y viajamos juntos, igual necesitamos tiempo para conversar. Entendemos la diferencia entre hablar *a* y hablar *con*. A veces hay que hablar solo por la comunión.

Ese momento no es para criticar, desafiar ni provocar. La forma más rápida de cortar la comunicación es criticar o cuestionar cada cosa. Piensa en la etapa en que los niños contradicen todo con un «¡No!». Si ya es irritante en ellos, imagina lo que es en un adulto.

Claro que habrá ocasiones en que toque plantear una corrección o una opinión distinta, pero no conviene desafiar *a menudo* ni por asuntos menores.

La próxima vez que converses con tu pareja, pregúntate: ¿cuál es el propósito? Si es transmitir información, ¿cómo puedes hacerlo claro, eficaz y amable? Si es fortalecer la comunión, ¿cómo puedes compartir tu corazón de la manera más acogedora y cómo puedes ayudar al otro a expresar lo que siente?

Aunque las estadísticas indican que aproximadamente un 20 % más de comunicación se produce de forma no verbal que verbal, no subestimemos el peso de las palabras. Proverbios 18:21 enseña que en la lengua hay poder de vida y de muerte. Seamos cónyuges que saben comunicarse bien y ministrar vida con sus palabras. Si no eres un buen comunicador, sé humilde y aprende: muchos malentendidos nacen de no saber comunicarnos adecuadamente.

Capítulo 17

Reconozcan que el tiempo lo es todo en la comunicación

> Todo tiene su momento oportuno; hay tiempo para todo lo que se hace bajo el cielo [...] tiempo para callar y tiempo para hablar.
>
> Eclesiastés 3:1,7

Una de las principales razones por las que la gente no se comunica bien es que ha tenido experiencias negativas al intentar expresar algo en el pasado. Muchas veces esos fallos se deben al mal momento y a la falta de sensibilidad a la guía de Dios. Por eso es importante hablar conforme al tiempo de Dios y aprender a esperar hasta percibir Su presencia preparando el corazón de la persona con la que necesitamos comunicarnos.

El momento indicado es *crucial* para una buena comunicación. Si empiezas a hablar con alguien que suspira y mira a otro lado, es razonable asumir que no quiere escucharte o que está demasiado distraído para prestarte atención. Una conversación puede torcerse si se inicia en el momento equivocado y la misma charla puede ir bien si esperamos el tiempo de Dios. Para comunicarnos bien, necesitamos saber cuándo callar y cuándo hablar.

SABER CUÁNDO GUARDAR SILENCIO

Eclesiastés 3:7 enseña que hay «tiempo para callar y tiempo para hablar». Cuando surge un problema en una relación, hay un momento para tratarlo y otro para dejarlo reposar. No significa ignorarlo ni posponerlo indefinidamente; significa orar y buscar el instante adecuado para abordarlo con tu pareja, de modo que la conversación sea más productiva.

Tres buenos momentos para callar:

- Cuando estás enojado. El mejor momento para hablar de un problema es cuando no estamos enfadados. Con los ánimos caldeados, no conviene intentar resolverlo. Suelo decir:

«Deja que las emociones se calmen antes de decidir». Esto vale también para las conversaciones con tu cónyuge. Esperen a estar tranquilos y, entonces, hablen.

- Cuando estás cansado. No es buena idea abordar un tema difícil si tú o tu pareja están agotados. Esperen a haber descansado.
- Cuando estás bajo una presión inusual. Si ya hay tensión por otras circunstancias, no sumes una conversación complicada. Busca un momento más sereno.

Cuando necesites tratar un asunto importante, ora para que Dios prepare el corazón de la otra persona, sobre todo si el tema es delicado. Elige un momento en el que sientas que el Espíritu Santo prepara el terreno para expresar necesidades, preocupaciones u opiniones. Durante muchos años fui del tipo de persona que quería resolver un problema en cuanto lo veía. Confrontar no me cuesta; lo que me costaba era esperar el tiempo de Dios.

Me metí en suficientes líos por comunicarme mal como para aprender a planificar las confrontaciones con sabiduría, en lugar de reaccionar con rapidez.

Antes, en cuanto surgía algo, quería sentarme a hablarlo, sacarlo a la luz y no levantarme hasta «dejarlo resuelto». Con el tiempo aprendí a orar: «Dios, ¿es este el momento adecuado para hablar de esto o de aquello?». Muchas veces la respuesta fue no. He aprendido a guardar silencio hasta sentir Su libertad para hablar.

Quienes se apresuran a confrontar suelen tener problemas por no esperar el tiempo de Dios. Las personas de temperamento fuerte no aguantan mucho: si algo no les parece correcto o justo, enseguida quieren arreglarlo y decir a todos cómo deben hacerse las cosas. Los problemas surgen cuando eso ocurre sin la guía del Señor.

SABER CUÁNDO HABLAR

Otras personas son tan amantes de la paz que harían casi cualquier cosa por evitar un conflicto, incluso permitir que continúe lo que necesita ser confrontado. Son como corderos que se resisten a toda disputa y no asumen una posición a menos que se les obligue.

Luego están quienes se lanzan a la confrontación con ferocidad leonina. Esos leones contraatacan con celo meramente humano; cualquier cordero demasiado tímido o temeroso debería tener cuidado.

Te animo a evaluarte: ¿eres más león o más cordero? Si normalmente evitas hablar o lidiar con problemas, tendrás que hablar cuando Dios te lo indique, te guste o no. Si confrontas de inmediato, tendrás que practicar dejar las cosas en paz hasta que Dios te diga cuándo retomarlas (si es que debes hacerlo). Las personas con naturalezas de cordero tienen que ser impulsadas por el Espíritu Santo, mientras que aquellos que son más como leones necesitan ser retenidos.

En mis conferencias he hecho encuestas informales. A grandes rasgos, la mitad del público levanta la mano cuando pregunto quién prefiere evitar discusiones y la otra mitad, cuando pregunto quién se lanza a la confrontación. Cuando hay media sala de leones y media sala de corderos (y algunos están casados entre sí), todos necesitamos aprender del Espíritu Santo para saber cómo y cuándo confrontar al otro.

Las dificultades aparecen cuando una persona suele querer hablar y la otra lo teme. Entonces, quien insiste en conversar reprocha: «Nunca me hablas». El callado piensa que eso ocurre porque la persona habladora no le deja espacio para decir nada. Lo que necesitamos es equilibrio y el compromiso de dejarnos guiar por el Espíritu Santo, no por la naturaleza carnal.

Hubo un tiempo en que me quejaba de que Dave y yo «nunca hablábamos». Cuando le dije: «Necesitamos hablar», él respondió: «Joyce, no hablamos: tú hablas y se espera que yo escuche».

Todos debemos afrontar los problemas; sin embargo, ni los leones ni los corderos imitan a Cristo si están desequilibrados. Debemos ser imitadores de Dios como ejemplos para ayudar a los incrédulos a ver el camino al reino de Dios, para que ellos deseen tener la clase de vida que nosotros vivimos. Una de las facetas más difíciles de seguir en Jesús es Su capacidad de ser Cordero con corazón de león: cuando hizo falta confrontar, lo hizo con firmeza y amor.

En nuestra vida (y en el matrimonio) necesitamos desear la humildad de Cristo. Imitemos Su mansedumbre y Su gentileza, pero abordemos con decisión lo que deba resolverse. Si sometemos nuestras tendencias naturales al Espíritu Santo y le seguimos en la forma de comunicarnos con nuestros cónyuges, esas tendencias dejarán de ser debilidades y se convertirán en fortalezas que traen equilibrio al matrimonio.

Una de las principales razones por las que las personas no se comunican bien es que han tenido experiencias negativas al intentar demostrar algo en el pasado. Muchas veces, estos fallos de comunicación se deben a un mal momento y a la insensibilidad a la guía de Dios. Por eso es importante hablar según el tiempo de Dios y aprender a esperar hasta sentir Su presencia preparando el corazón de la persona con la que necesitamos comunicarnos.

Capítulo 18

Administren el dinero sabiamente

Supongamos que alguno de ustedes quiere construir una torre. ¿Acaso no se sienta primero a calcular el costo para ver si tiene suficiente dinero para terminarla?

Lucas 14:28

Muchas discusiones en el matrimonio nacen de cómo se decide administrar (o no) el dinero. Quien está casado ya no tiene libertad para gastar su sueldo en lo que quiera: el dinero deja de pertenecerle exclusivamente. Es razonable suponer que todas las parejas han discutido alguna vez por sus finanzas y que esos desacuerdos pueden agravarse y derivar en problemas más serios. Algunas personas son muy ahorrativas; otras, gastadoras. Si en una pareja hay una de cada tipo, la tensión y los desacuerdos acalorados no tardan en aparecer. Para tener una perspectiva adecuada, necesitamos saber qué enseña la Biblia sobre el papel del dinero.

No tener suficientes recursos puede ejercer una enorme presión sobre el matrimonio; tener demasiado sin saber administrarlo también. El dinero es importante pero, según 1 Timoteo 6:10, el amor al dinero —no el dinero en sí, sino amarlo en exceso o darle demasiada importancia— es «la raíz de toda clase de males».

Para comprobar si el dinero o las cosas pesan demasiado para ti, piensa en cómo reaccionas cuando algo tuyo se estropea. ¿Te enojas por una pequeña abolladura en el auto? ¿Te molesta si alguien pierde una joya que le prestaste?

Si la raíz de *toda* clase de males es el amor al dinero, es crucial adoptar una mirada piadosa sobre cómo manejarlo. Conviene reevaluarnos de tanto en tanto para detectar si el apego al dinero está echando raíces. No importa cuán piadosos seamos, siempre aparece la tentación de convertir en excesivamente importantes las cosas que el mundo valora.

Dave tiene una filosofía sencilla sobre el dinero: ahorrar, gastar y dar, según las posibilidades. Ese enfoque ayuda a mantener una actitud sana y equilibrada.

En la Biblia (y en la vida actual) el amor al dinero es destructivo. Considera estos ejemplos:

- Jesús fue traicionado por Judas Iscariote por amor al dinero (Mateo 26:14).
- Ananías y Safira mintieron sobre su dinero y cayeron muertos (Hechos 5:1-10).
- Demetrio provocó una revuelta contra el apóstol Pablo por la pérdida de ganancias derivadas del culto a Diana (Hechos 19:23-41).
- Hay quienes venden su cuerpo y su alma por dinero.
- Gobiernos caen cuando sus líderes se corrompen por dinero.
- La gente se afana, delinque e incluso mata por dinero y termina en prisión por ello.

Aunque el dinero juega un papel destacado en el hogar, nunca debería gobernar la casa del creyente. Vivimos *en* el mundo, pero no somos *del* mundo. Mateo 6:24 enseña que no podemos servir a Dios con todo el corazón si amamos en exceso el dinero o lo que puede comprar. Dios quiere que disfrutemos de lo bueno, pero no que lo prioricemos sobre lo que es más importante.

Jesús dijo en Mateo 6:33: «Más bien, busquen primeramente el reino de Dios y su justicia, entonces todas estas cosas les serán añadidas». Si buscamos primero a Dios, Él promete ocuparse de nuestras necesidades.

Filipenses 1:9-10 nos anima a aprender qué es vital para nosotros:

> Esto es lo que pido en oración: que el amor de ustedes abunde cada vez más en conocimiento y en buen juicio. Así podrán discernir lo que es mejor [reconociendo lo más alto, lo mejor y distinguiendo las diferencias morales] y ser puros e irreprochables para [que con corazones sinceros, seguros e inmaculados, puedan acercarse al] día de Cristo [sin tropezar y sin hacer trastabillar a otros].

Debemos identificar lo importante y valorar lo verdaderamente excelente. A veces los padres dedican demasiadas horas a ganar dinero y descuidan a la familia durante años. De pronto, los hijos crecen y descubren que no hay vínculo. Eso ocurre porque se priorizó proveer cosas, cuando la mayor recompensa habría sido pasar tiempo con ellos y conocerlos de verdad. Antes se veía más en los padres; ahora, con tantas madres trabajando fuera, también debemos estar alertas para no lamentarnos después.

Las prioridades se desajustan si uno de los padres toma dos empleos o trabaja horas extra con demasiada frecuencia solo para tener más posesiones. Es comprensible trabajar más por una temporada o asumir un empleo temporal para cubrir una necesidad puntual; pero si se vuelve un hábito y el padre o la madre casi no está en casa, se pagará un precio indeseado.

Aprovechen todo el tiempo posible con sus hijos: crecerán y se irán antes de lo que imaginan. A veces surgen tensiones porque esposo y esposa tienen visiones distintas sobre la crianza. Si ambos trabajan y los hijos pasan más tiempo con terceros, puede imponerse un sistema de valores que no refleja ni el del padre ni el de la madre.

Yo empecé a trabajar cuando mis hijos aún eran pequeños para que Dave y yo pudiéramos comprar una casa. A medida que la familia crecía, fueron pasando de niñera en niñera. Con lo que hoy sé, no creo que haya sido la mejor decisión trabajar tanto fuera; aun así, por la gracia de Dios aprendimos a vivir según su Palabra y pudimos recuperarnos de esa etapa. Si ambos padres deben trabajar para llegar a fin de mes, confío en que Dios protegerá a su familia. También creo que, cuando hay hijos pequeños, conviene intentar estar en casa con ellos todo lo que se pueda.

Dios puede tomar una situación que parecía encaminada al desastre y hacer que funcione. Él cuida los hogares de madres o padres solteros, y de familias que necesitan horas extra para cubrir necesidades básicas, pero hay diferencia entre *tener* que trabajar y *querer* hacerlo solo por gusto de comprar cosas con ese dinero extra. Si estás pensando en trabajar más únicamente para conseguir algo que quieres, pero no necesitas, te invito a considerar en oración qué podrías estar dejando de lado a cambio.

Muchas familias hoy dependen de dos ingresos. Aun así, hay personas con abundancia que son miserables: el dinero no da felicidad. Si deciden tener dos ingresos, deberán también colaborar en casa. Ambos cónyuges pueden (y deben) compartir la colada y otras tareas para seguir construyendo una buena relación. Es difícil que una sola persona sostenga un empleo fuera y, además, todas las responsabilidades del hogar sin ayuda. Cuando ambos trabajan fuera, habrá etapas estresantes; conviene estar dispuestos a ayudarse mutuamente e, incluso, a pedir ayuda con humildad si el otro no ha percibido el cansancio.

Sé que muchas personas que leen esto hacen varios trabajos para sostener a la familia. No pretendo condenar a nadie. Solo te animo a asegurarte de que tu familia necesita más ese dinero que a ti misma o a ti mismo. Si hacen falta dos ingresos, procuren pasar mucho tiempo con los hijos por las noches y los fines de semana. Si el exceso de trabajo carga de tensión el hogar, quizá un empleo a tiempo parcial sea una mejor opción.

Dave y yo vivimos años en que trabajé y años en que no. Estoy segura de que nuestros hijos prefirieron los años en que estuve en casa. Algunos de esos años fueron más difíciles económicamente, pero miro hacia atrás y entiendo que fue entonces cuando aprendí a confiar en Dios y en sus milagros de provisión.

Hagas lo que hagas, si te guía el Espíritu Santo, todo saldrá bien. Recuerda que Dios es tu fuente y tu proveedor. Ponlo primero, confía en que suplirá todas tus necesidades y haz todo lo posible para que el dinero no se convierta en un instrumento de división entre tú y tu cónyuge.

Capítulo 19

Busquen el contentamiento

> No acumulen para sí tesoros en la tierra, donde la polilla y el óxido destruyen, y donde los ladrones se meten a robar. Más bien, acumulen para sí tesoros en el cielo, donde ni la polilla ni el óxido carcomen, ni los ladrones se meten a robar. Porque donde esté tu tesoro, allí estará también tu corazón.
>
> Mateo 6:19-21

El contentamiento que buscamos está disponible, según Romanos 14:17, como justicia, paz y gozo por obra del Espíritu Santo. Esa plenitud nace dentro de nosotros, al saber quiénes somos en Cristo. La felicidad consiste en levantarnos por la mañana y acostarnos por la noche con aprecio por quienes somos, sin vivir bajo una nube de culpa ni condenación. La paz es fruto de la justicia, no del dinero: puedes tener muchas *cosas*, pero sin paz no habrá gozo verdadero.

Las personas necesitan relaciones justas más que dinero y conviene que las parejas lo recuerden. Si vamos a pasar la vida subiendo la escalera del éxito, asegurémonos de apoyarla en el edificio correcto. Es triste dedicar años a adquirir cosas a costa del matrimonio y la familia, para llegar a la cima y descubrir que es uno de los lugares más solitarios. Es trágico perseguir algo toda una vida y darse cuenta, al final, de que en realidad no lo queríamos.

Primera de Timoteo 6:17 dice: «A los ricos de este mundo, mándales que no sean arrogantes ni pongan su esperanza en las riquezas, que son tan inseguras, sino en Dios. Él nos provee de todo en abundancia para que lo disfrutemos».

Dios nos da en abundancia para disfrutar, pero el equilibrio llega cuando disfrutamos sin anteponer esas cosas a las personas de nuestra vida. No debemos amar el dinero, pero tampoco pensar que jamás podemos disfrutar. Mi esposo y yo tenemos hoy más que nunca: una casa hermosa y autos elegantes. No vivimos en la extravagancia, pero sí en la excelencia.

Dave y yo hemos reflexionado sobre lo que de verdad queremos. Muchas veces creemos desear cosas que después no queremos cuidar. Hemos aprendido a pedir sabiduría a Dios antes de comprar algo que demande tiempo y atención; es un ejercicio valioso para cualquier pareja.

Hubo etapas en las que Dios nos proveyó amigos que nos ofrecieron quedarnos en su casa de vacaciones cuando necesitábamos un descanso. Fue una gran bendición: recibimos reposo y relajación sin tener que ocuparnos de la propiedad.

Dios quiere que disfrutemos, pero ese disfrute no debe llevarnos al amor al dinero. Si decidimos conforme a la Palabra y procuramos honrarlo, creo que Él nos proveerá, incluso de manera sobrenatural, cosas por las que de otro modo lucharíamos.

Algunas parejas necesitan aprender a disfrutar lo que ya tienen; otras, a invertir algo en sí mismas. Podemos temer la escasez aun teniendo mucho. Nuestra seguridad debe ser Dios, no el dinero.

Apocalipsis 18:10 afirma que Babilonia, la gran ciudad poderosa, caerá en una hora. Algunos maestros creen que Babilonia representa el sistema financiero mundial. Sea como fuere, es evidente que la estructura global tiene problemas. No pretendo ser negativa; simplemente debemos poner la esperanza en Dios, pase lo que pase con la economía. Si cultivamos la fe ahora, sabremos que Él cuidará de nosotros como cuidó de Israel en el desierto.

Una manera práctica de fortalecer la fe es apreciar lo bueno que tenemos, a la vez que reconocemos cuánto podríamos prescindir de ello. Me agrada pensar en lo bonita que es nuestra casa, pero sé que, si tuviéramos que volver a un departamento de dos o tres habitaciones, sería igual de feliz: mi alegría nace de dentro, no de lo que poseo. Es clave hallar el equilibrio y recordar que todo es un préstamo de Dios. Nos lo confía para usarlo, no para que nos posea.

No te aferres demasiado a las cosas. Nada debería ser tan importante como para que, si Dios te pide soltarlo o regalarlo, no puedas obedecer.

Debemos caminar cerca de Dios en toda circunstancia, con lo justo o con abundancia. Necesitamos que el Espíritu Santo nos mantenga «libres de preocupaciones» para promover una devoción sin distracciones al Señor (1 Corintios 7:32). Esto significa que, incluso en medio del ajetreo de las decisiones (por ejemplo, al construir una casa), no debemos permitir que nos absorban. Sigamos andando con Dios como si nada más ocurriera. Lo ilustro con una experiencia personal: cuando compramos una casa, la gente me preguntaba si estaba entusiasmada y lo cierto es que no. Sentía alegría porque sabía que era un regalo de Dios.

Durante años oré por un lugar tranquilo para estudiar. Nuestra casa anterior estaba junto a una avenida y el ruido del tráfico interrumpía mi deseo de sentarme afuera y meditar en las cosas de Dios. No había árboles que me recordaran la obra de la creación. Anhelé otra casa. La siguiente que Dios nos dio tenía un pequeño lago y muchos árboles alrededor, en un entorno precioso. Estaba agradecida porque Dios había concedido ese deseo, pero no me dejé llevar por la emoción. Al mudarnos, pasé días diciendo: «Gracias, Dios. De verdad lo apreciamos». Mi mayor gozo seguía siendo conocerlo a Él, no el hecho de recibir la casa que esperaba.

No hay nada malo en tener cosas; el problema es necesitarlas para ser feliz. Si tu alegría depende de una casa nueva, un auto nuevo, muebles o un vestido nuevos, la perseguirás toda la vida. En cambio, fundamenta tu felicidad en tu relación con Dios, no en lo que posees y decídanse como pareja a mantener esa relación en primer lugar. No permitas que el deseo de dinero o posesiones gobierne tu vida ni tu matrimonio. Anhela a Dios por encima de todo y búscalo primero.

Muchas parejas cometen el error de sacrificar mucho tiempo juntos en la búsqueda de más dinero o bienes, y pierden la cercanía que tenían. Su relación con Dios y con la familia es mucho más importante que cualquier otra cosa.

Capítulo 20

Sigan los principios financieros de Dios

> Den y se les dará: se les echará en el regazo una medida llena, apretada, sacudida y desbordante. Porque con la medida con que midan a otros [con la medida que usan para otorgarles beneficios a los demás], se les medirá a ustedes.
>
> Lucas 6:38

Creo que una de las mejores decisiones financieras que una pareja puede tomar es diezmar. Otra gran decisión es ser generosos al dar. Ambos principios son bíblicos, como explicaré aquí. Además, cuando el diezmo y la generosidad son prioridad en el matrimonio, ayudan a vencer el egoísmo: ofrecen a la pareja un propósito que va más allá de sí misma. Ese anhelo compartido de sostener la obra de Dios y hacer el bien trae gran gozo. Cuando damos con motivación pura, Dios promete bendecir nuestras finanzas: «den y se les dará» (Lucas 6:38).

Si deseas que Dios bendiga tus finanzas, actúa conforme a Su plan. La Biblia enseña que el creyente debe diezmar, entregando la décima parte de sus ingresos al Señor. El tercer capítulo de Malaquías es claro:

> Traigan íntegro el diezmo [la totalidad de la décima parte de sus ingresos] a la tesorería del Templo; así habrá alimento en mi casa. Pruébenme en esto —dice el Señor de los Ejércitos—, y vean si no abro las compuertas del cielo y derramo sobre ustedes bendición hasta que sobreabunde. Reprenderé al devorador [insectos y plagas] para que no arruine sus cultivos y las vides en los campos no pierdan su fruto —dice el Señor de los Ejércitos—.
>
> Malaquías 3:10-11

Algunos argumentan que esta instrucción del Antiguo Testamento no aplica hoy, pero el Nuevo

Testamento no elimina lo anterior. Jesús vino a *cumplir* la ley y a darnos gracia para guardarla. Dijo en Mateo 5:17: «No piensen que he venido a anular la Ley o los Profetas; no he venido a anularlos, sino a darles cumplimiento». Dios no abolió los Diez Mandamientos; por medio de Jesucristo nos da la gracia para obedecerlos.

No creo que el diezmo sea hoy una ley como bajo el Antiguo Pacto, pero, si entonces podían diezmar bajo la ley, con mayor razón ahora por gracia. Jesús mismo dijo: «Hay más dicha en dar que en recibir» (Hechos 20:35).

Como Dave fue criado en el hábito de diezmar, lo hemos hecho desde que nos casamos. En todos nuestros años (y criando a cuatro hijos), Dave solo estuvo sin trabajo cinco días y siempre tuvimos dinero para pagar las cuentas a tiempo. Dios ha bendecido nuestras finanzas y agradezco que Dave entendiera el valor de dar desde el inicio de nuestro matrimonio.

El diablo intentará engañarte haciéndote creer que no puedes dar o que no hace falta. Quiere robarte tu herencia como creyente y una de las formas más sencillas es empujarte a amar demasiado el dinero o a temer la escasez hasta acumularlo. Santiago 1:22

advierte que, si oímos la Palabra pero no la ponemos por obra, nos engañamos con razonamientos contrarios a la verdad.

Si tu matrimonio atraviesa dificultades económicas y no están dando generosamente, pídele a Dios que te libre de cualquier atadura que te impida apartar el 10 % de tus ingresos para Su obra.

Dios no necesita nuestro dinero; nosotros necesitamos dar. Él quiere que seamos dadores. Sabía que seríamos tentados a amar el dinero, «la raíz de toda clase de males» (1 Timoteo 6:10). Demostrar que estamos dispuestos a soltar la falsa seguridad del dinero abre las compuertas del cielo para bendecirnos. Como creyentes, es importante que mantengamos una actitud de generosidad porque el amor se expresa dando. Encontramos un ejemplo de esto en Dios, que amó tanto al mundo que nos dio a Jesús, Su Hijo único «para que todo el que cree en él no se pierda, sino que tenga vida eterna» (Juan 3:16).

Creo que, si no entregamos dinero, difícilmente nos entregaremos a nosotros mismos. Cuando llegamos a dar como Dios nos guía, dejamos atrás el hábito de vivir centrados en nosotros mismos. Dar es una obra exterior de amor y el amor libra una guerra espiritual contra el devorador. Recomiendo dar a la iglesia, a los pobres y necesitados, a las misiones y a personas a tu alrededor que atraviesan momentos duros.

A veces uno de los cónyuges desea diezmar y el otro no. Muchas mujeres se preguntan: «¿Qué hago si mi esposo no quiere que diezme?». Dios no se complace en lo que se da por obligación. Dudo que quiera que alguien diezme sin mezclar fe con su ofrenda.

Dios nos pide dar para nuestro beneficio, no para el suyo: sembramos de nuestras finanzas para que Él traiga una cosecha. Al diezmar, no busca *quitarnos*, sino *darnos*. Primero quiere un corazón dispuesto; luego, las acciones son aceptables. Incluso si alguien no desea dar pero está dispuesto a obedecer, ese es un buen comienzo: con el tiempo, el corazón cambia.

Si un hombre está casado con una mujer que no quiere diezmar, por lo general tendrá libertad para hacerlo de todos modos, ya que él es la cabeza del hogar. Si una mujer está casada con un hombre que no quiere diezmar, no debería hacerlo a escondidas. Puede dar de lo que está bajo su responsabilidad (lo que posee, administra o gana). Si él le ha encargado las finanzas y no se ocupa del detalle, ella tiene libertad para seguir su conciencia. Muy pocos hombres les prohíben totalmente a sus esposas dar; si ese fuera tu caso, da de tu tiempo, tus talentos u otros recursos. Ora para que el corazón de tu esposo se ablande. Incluso si todavía no cree en el principio de sembrar y cosechar, ora para que te diga: «Te doy permiso para diezmar». Entonces podrás liberar tu fe para que las finanzas de tu familia sean bendecidas. Una cosa es segura: Dios ve el corazón y cuidará de ti si está donde debe.

Dios ha obrado milagros financieros asombrosos a nuestro favor para sostener el ministerio mundial que hoy tenemos, pero, incluso en los primeros años (cuando las cuentas no cerraban), seguíamos diezmando. Nos faltaban 40 dólares al mes para cubrirlas y teníamos que confiar en Dios para lo demás. Pero también tenemos algunos recuerdos preciosos de esos tiempos difíciles y hasta fueron divertidos. Dios siempre nos ayudó y nunca pagamos tarde.

Si necesitas un milagro financiero, no temas obedecer a Dios en tus finanzas. Empieza a comprobar Su poder al diezmar y, más allá de eso, desarrolla un estilo de vida generoso. Como pareja, Dave y yo procuramos vivir así, y cada año disfrutamos más al dar. Cuando obedecemos y damos según Él nos guía, alguien siempre termina devolviéndonos el favor y nos mantiene en ese ámbito de milagros emocionantes. De hecho, buscamos maneras de dar: no esperamos a que llegue una gran emoción; damos con propósito y constancia. Como resultado, nuestra alegría y prosperidad siguen en aumento. También puede sucederte a ti. Dondequiera que estés en el camino de la generosidad, empieza a dar un poco más y, con el tiempo, serás más feliz y bendecido que antes.

Capítulo 21

Dejen que la intimidad abra la puerta a la buena comunicación

El hombre debe cumplir su deber conyugal [buen trato, amabilidad y lo que merece] con su esposa e igualmente la mujer con su esposo.

1 Corintios 7:3

Por las mañanas me gusta el jugo de naranja recién exprimido con pomelo. Antes lo hacía a mano en vez de beber jugo embotellado o enlatado. Una mañana, Dave y yo teníamos mucho que hacer, así que tomé una lata de jugo para servirme un vaso.

Cuando entró en la cocina, me preguntó: «¿No quieres jugo recién exprimido?». Le dije que lo había pensado, pero que no lo haría porque tenía muchas tareas esa mañana.

Me respondió: «No tengo problema en exprimirlo; me encantaría hacerlo por ti».

Estos son los detalles que hacen bueno un matrimonio. Especialmente para la mujer, son una inversión importante para una vida sexual placentera. Dicho de otro modo, esos gestos atentos a lo largo del día construyen la relación. Por lo general, una mujer encuentra su mayor satisfacción en el afecto considerado de su esposo, mientras que para un hombre la relación sexual es central. Cuando el esposo muestra cariño, ella tiende a sentirse atraída emocionalmente a la intimidad con él. Al atender sus necesidades, ella a su vez atiende las de él. Un hombre puede sentirse motivado al instante por lo que ve, pero una mujer suele responder al afecto que recibe fuera del acto sexual.

A menudo, sin embargo, un esposo no comprende lo difícil que es para su esposa sentirse físicamente atraída sin el lazo emocional que alimenta el afecto. Cuando falta el cariño y, por eso, falta el sexo (y a la inversa), la pareja se estanca porque la mujer no se *siente* amada.

La comunicación es más que palabras: tiene mucho que ver con cómo se siente cada uno en la relación.

Podemos decir una cosa y, a la vez, comunicar lo contrario con el rostro, el cuerpo y las acciones. Por algo existen expresiones como «hablar no cuesta nada» y «las acciones hablan más que las palabras». Las parejas deben ser sensibles a lo que se comunican mediante su lenguaje corporal y sus actos.

Puede sonar extraño, pero el sexo es también una forma de comunicación en el matrimonio; me atrevo a decir que es la más alta entre esposo y esposa, porque Dios lo diseñó para traer nueva vida al mundo. El Señor nos insta a elegir la vida (Deuteronomio 30:19) y en la unión sexual se encuentran la semilla y la «incubadora» para que la vida continúe en la relación.

Además, el sexo entre casados nunca debe usarse como castigo por desacuerdos o malas acciones. Según la Palabra de Dios, la única razón para abstenerse es que ambos acuerden dedicarse a la oración (1 Corintios 7:5).

Si una mujer le dice a su esposo que lo ama, pero está siempre demasiado cansada para brindarle atención íntima, le comunica que no es prioridad. A su vez, la mayoría de las mujeres admiten sentirse inseguras y solas si su esposo no está atento a sus necesidades. El cansancio, usado con frecuencia, no es una excusa válida para alejarse.

El amor exige sacrificio, también en la vida sexual. El plan de Dios para tu matrimonio es más grande que tus estados de ánimo. Si una mujer está demasiado cansada para disfrutar de su esposo, también lo estará para disfrutar lo demás que Dios tiene para ella.

Lee lo que dice 1 Corintios 7:4-5 sobre este tema:

> La mujer ya no tiene derecho [exclusivo] sobre su propio cuerpo, sino su esposo [tiene los derechos]. Tampoco el hombre tiene derecho [exclusivo] sobre su propio cuerpo, sino su esposa [los tiene]. No se nieguen el uno al otro [de sus derechos maritales], a no ser de común acuerdo y solo por un tiempo, para dedicarse a la oración. No tarden en volver a unirse nuevamente; de lo contrario, pueden caer en tentación de Satanás [a pecar], por falta de dominio propio.

Satanás odia el propósito del sexo porque su máxima expresión es una nueva vida. La satisfacción sexual libera tensión, es placentera y fortalece un vínculo de unidad incomparable. Realmente ministra vida nueva. Un matrimonio consumado puede traer hijos al mundo, pero mucho después de la edad fértil de la mujer, la intimidad del lecho conyugal sigue revitalizando la relación y la unión con su esposo. Dios infundió un fuerte impulso sexual en hombres y mujeres porque ama la vida en todas sus formas y quiere atraernos a su potencial.

Precisamente esa vida es lo que Satanás aborrece; por eso, cuidado con la tentación de alejarte de la intimidad con tu cónyuge.

El sexo suele ser lo menos mencionado del matrimonio, pero puede ser la mayor amenaza para el éxito de la relación. Cuando he hablado públicamente y pedido a la audiencia que complete cuestionarios, la respuesta es la misma en todas partes: el sexo, la comunicación y el dinero son las mayores fuentes de estrés en el matrimonio. Curiosamente, estos tres grandes desafíos están entrelazados y, a la vez, son puertas a grandes bendiciones que Dios diseñó para nosotros.

Si estás muy molesta o molesto con tu cónyuge como para hacer el amor, quizá sea cuando más conviene ofrecerte con amor. Compartir lo que Dios te anima a dar (y lo que el enemigo te tienta a retener) es resistir al diablo y acercarte a Dios. La obediencia es un arma poderosa contra la tentación. Cuando se unen como acto de obediencia al plan de Dios para su vida, le están diciendo al enemigo que cumplen su promesa mutua e ignoran sus intentos de robarles el poder de ponerse de acuerdo.

En este punto, algunos lectores asienten y otros necesitan detenerse a pensar. Permitan que la verdad del plan de Dios para hombres y mujeres se asiente en el corazón y la mente. ¿No les dijo a Adán y a Eva: «Sean fructíferos y multiplíquense; llenen la tierra y sométanla» (Génesis 1:28)? ¿Qué intentará impedirles, entonces, el diablo? Busca impedir que cumplan la instrucción de Dios que trae bendición y fecundidad al matrimonio.

Ya vimos que 1 Corintios 7:4 afirma que los cuerpos de las personas casadas no les pertenecen solo a ellas, sino también al cónyuge. Cada uno tiene derechos que cede al otro. Ese versículo enseña que no deben negarse atención amorosa, o Satanás tendrá vía libre para tentar. El rechazo continuo de esta expresión íntima de amor destruye la autoestima y la sensación de valía del cónyuge rechazado.

Por supuesto, hay momentos en que alguien está realmente cansado, vive circunstancias atenuantes o tiene una necesidad médica de abstinencia; aun así, en esos tiempos se puede comunicar afecto. Si el cansancio se usa como excusa habitual, llegarán los problemas. A veces se dice que no simplemente por no dejar lo que se está haciendo. Si ese «no» es frecuente, conviene reconocer que hay egoísmo.

Necesitamos una comprensión más amplia de las relaciones sexuales conyugales. Las parejas deben brindarse ternura por respeto a las necesidades del otro, sin exigencias descabelladas y recordando que no todas las personas son iguales. Sin embargo, el rechazo constante destruye el deseo, la atracción y la autoestima.

Hebreos 13:4 (RVR1960) dice: «Honroso sea en todos el matrimonio [estimado digno, precioso, de gran precio y especialmente querido] y el lecho sin mancilla». El matrimonio ya no se considera honroso en el mundo y algunos creyentes también lo han devaluado. La Biblia, no obstante, manda honrarlo. Estima a tu cónyuge como digno, precioso y de gran valor; considera tu relación especialmente valiosa en todo y guarda la pureza del lecho conyugal. Escribiré más sobre esto en el próximo capítulo.

Capítulo 22

Vivan en pureza sexual y eviten la tentación

Honroso sea en todos el matrimonio [estimado digno, precioso, de gran precio y especialmente querido] y el lecho sin mancilla [deshonrado]; pero a los fornicarios y a los adúlteros los juzgará Dios [como culpables de desviación sexual].

Hebreos 13:4 (RVR1960)

He escuchado a varias personas enseñar sobre Hebreos 13:4 y decir que, como allí se afirma que el lecho conyugal es «sin mancilla», una pareja casada puede hacer cualquier cosa que acuerde en el ámbito sexual y que está bien porque están casados. Pero la *Concordancia Exhaustiva de Strong* resalta el sentido de «sin mancilla» como «impoluto» y «puro». Esto nos ayuda a entender que el versículo declara que el lecho conyugal es puro y debe *mantenerse* así.

No estoy de acuerdo con la idea de que una pareja casada puede hacer lo que quiera, o que cualquier cosa que les haga sentir bien es correcta, solo por estar casados. En nuestro interior sabemos qué es santo y qué no lo es. Dios nos da sabiduría para discernir lo natural de lo antinatural. La Biblia nos llama a apartarnos de los actos antinaturales y de las perversiones.

La pornografía, por ejemplo, es abiertamente una perversión; quien se recrea en ella termina esclavizado. Jugar con esa tentación es como jugar con un arma cargada. Nadie puede darse el lujo de coquetear con algo que puede volverse adicción, como la pornografía.

Si alguien cayó en adulterio, la conducta que lo llevó a la infidelidad no apareció de un día para otro. La idea de ser infiel comenzó mucho antes, en la mente. Primero se cede en pequeñas cosas que se sabe que no son correctas: tal vez almorzar con una persona atractiva del sexo opuesto cuando no corresponde; quizá llevar a alguien a casa o recogerlo del trabajo sin comentarlo con el cónyuge y, luego, sentir que cuesta explicarlo. Cuanto más difícil resulta decir la verdad, más crece la fantasía de que está ocurriendo algo más que un almuerzo o un viaje inocente. Tal vez se tuvo una conversación personal y privada que nunca se debió tener.

Nadie está exento de esta tentación. El diablo odia el matrimonio y apunta a uniones fecundas y alegres. Es preferible ser estrictos al proteger el vínculo que ser laxos y buscar problemas. Cuando aparecen pensamientos que no deberían aflorar, hay que cortarlos de raíz, porque si jugamos con ellos, invitamos el siguiente paso de la tentación. Santiago 1:14-15 (RVR1960) describe el camino destructivo:

> Cada uno es tentado, cuando de su propia concupiscencia [lujuria, codicia] es atraído y seducido. Entonces la concupiscencia, después que ha concebido, da a luz el pecado; y el pecado, siendo consumado, da a luz la muerte.

Hay que disciplinarse cuando la guerra por la pureza comienza en la mente. La batalla se gana o se pierde según lo que se decida en el momento de la tentación. Primero se concibe el mal deseo; si se alberga, lleva a actuar en pecado y el pecado maduro trae muerte: muerte para el matrimonio, para las esperanzas y, finalmente, para la vida, si se sigue cediendo.

Los ojos son ventana del alma: lo que miramos, lo pensamos. Muchos admitirán que las películas impactan nuestra vida. Hoy sé que debo apagar ciertos contenidos, pero años atrás, cuando la televisión empezó a mostrar escenas pornográficas, tomó por sorpresa a muchos. No esperábamos exhibiciones tan explícitas: una trama interesante y, de repente, una escena pornográfica que nos permitimos ver. Luego, aun sin querer volver a verla, aparecían imágenes persistentes; a veces, durante meses (o más) seguían volviendo esas escenas insinuantes.

Al abrir los ojos a la tentación explícita, invitamos su imagen a nuestra alma y la dejamos disponible para que el enemigo la use cuando quiera. Por eso necesitamos salvaguardas. Algunas revistas que llegan al hogar están llenas de imágenes que incitan a la lujuria; incluso anuncios de grandes tiendas muestran gente semidesnuda. En la calle nos rodean carteles con personas en ropa mínima.

No podemos impedir que la tentación exista, pero sí pedir a Dios poder sobre ella y que nos detenga antes del paso que lleva al pecado. Es un error creer que podemos resistir por nuestra cuenta. Necesitamos a Dios para mantener la mente limpia y vivir en santidad, porque el enemigo está decidido a destruir hogares. Sabe que un lecho matrimonial contaminado es una imitación barata del verdadero y usará toda la basura disponible para atraparnos y robarnos bendiciones.

Esforcémonos por mantener el lecho matrimonial sin mancha, tanto físicamente como en el pensamiento, donde comienza la tentación. Pocos sentimientos son peores que esa pesadez interna cuando sabemos que no caminamos rectamente ante Dios y estamos esclavizados a algo que no queremos y de lo que no logramos librarnos. Las parejas casadas deben proteger su libertad, disfrutarse y pedir ayuda a Dios sin demora en los momentos de debilidad o tentación.

Cuanto más vivamos en santidad, más felices seremos y más disfrutaremos de las bendiciones de Dios. Los animo a honrar su matrimonio y a verlo como algo precioso y valioso. Dios les ayudará si confían en Él en este proceso.

Conclusión

Espero que este libro les haya mostrado que los matrimonios exitosos no aparecen por casualidad: son fruto de la oración, de buscar y obedecer a Dios, de amar de verdad al cónyuge y de enfrentar con sabiduría los desafíos que surgen en pareja.

Toda relación saludable exige tiempo, energía y planificación. También pide comunicación, espacios a solas y la decisión de priorizar a la otra persona; la pareja no es la excepción.

Dios tiene un propósito no solo para tu vida individual, sino también para tu matrimonio y los ayudará (a ti y a tu cónyuge) a cumplirlo mientras sigan caminando con Él. El enemigo puede intentar dividirlos, pero con la ayuda de Dios podrán vencer y salir victoriosos ante cualquier desafío.

Hace años digo que el matrimonio puede convertirse en un triunfo o en una tragedia, según cómo lo manejemos. Confío en que estas páginas les hayan dado herramientas para conducir bien su relación y que, con ellas, disfruten un verdadero triunfo durante muchos años.

¿Tienes una relación verdadera con Jesús?

¡Dios te ama! Te creó como alguien especial, único e irrepetible, y tiene un propósito y un plan específicos para tu vida. A través de una relación personal con tu Creador, Dios, puedes descubrir una forma de vida que de veras satisfaga tu alma.

No importa quién seas, qué hayas hecho ni dónde te encuentres ahora: el amor y la gracia de Dios son mayores que tu pecado y tus errores. Jesús entregó voluntariamente Su vida para que pudieras recibir el perdón de Dios y tener una vida nueva en Él. Solo espera que lo invites a ser tu Salvador y Señor.

Si estás listo para entregar tu vida a Jesús y seguirlo, pídele que perdone tus pecados y te conceda un nuevo comienzo en la vida para la que fuiste creado. Comienza con esta oración:

Señor Jesús, gracias por dar tu vida por mí y perdonar mis pecados para que pueda tener una relación personal contigo. Lamento sinceramente los errores que he cometido y sé que necesito que me ayudes a vivir con rectitud.

Tu Palabra dice en Romanos 10:9: «Si confiesas con tu boca que Jesús es el Señor y crees en tu corazón que Dios lo levantó de entre los muertos, serás salvo». Creo que eres el Hijo de Dios y te confieso como mi Salvador y Señor.

Tómame tal como soy y obra en mi corazón, transformándome en la persona que quieres que sea.

Quiero vivir para ti, Jesús, por lo que agradezco mucho que me estés dando un nuevo comienzo en mi nueva vida contigo hoy.

¡Te amo, Jesús!

¡Es maravilloso saber que Dios nos ama tanto! Él desea tener una relación profunda e íntima con nosotros que crezca cada día a medida que pasamos tiempo con Él en oración y estudio bíblico. Y queremos animarte en tu nueva vida en Cristo.

Por favor, visita joycemeyer.org/KnowJesus para solicitar el libro de Joyce, *Una nueva forma de vida*, que es nuestro regalo para ti (disponible para descarga gratuita en PDF en chrome-extension://efaidnbmnnnibpcajpcglclefindmkaj/https://tv.joycemeyer.org/espanol/wp-content/uploads/sites/3/2023/02/Spanish-A-New-Way-Of-Living-Una-Nueva-forma-de-vida.pdf).

También contamos con otros recursos gratuitos en línea para ayudarte a progresar en la búsqueda de todo lo que Dios tiene para ti.

¡Felicidades por tu nuevo comienzo en tu vida en Cristo! Esperamos tener noticias tuyas pronto.

Acerca de la autora

Joyce Meyer es una de las maestras prácticas de la Biblia más reconocidas del mundo y autora de *bestsellers* del *New York Times*. Sus libros han ayudado a millones de personas a encontrar esperanza y restauración a través de Jesucristo.

Su programa, *Disfrutando la vida cotidiana*, se emite por televisión, radio y en línea a millones de personas alrededor del mundo, en 110 idiomas.

A través de Ministerios Joyce Meyer, ella enseña sobre diversos temas en todo el mundo, con un enfoque especial en cómo la Palabra de Dios se aplica a la vida diaria. Su estilo directo y cercano le permite compartir con franqueza sus experiencias para que otros puedan aplicarlas en su propia vida.

OTROS TÍTULOS DE JOYCE MEYER

Hábitos de una mujer piadosa: Suoera los problemas que afectan a tu corazón, mente y alma

El poder del pensamiento

Devocionales diarios de los salmos: 365 reflexiones para todos los días

Fortaleza para cada día: 365 devocionales para que todos los días sean un gran día

Supera cada problema: 40 promesas de la palabra de Dios para fortalecerte a través de los desafíos de la vida

Maneja tus emociones (un devocional de 90 días): Sabiduría diaria para mantenerse estable en un mundo inestable

El camino al éxito: Deja que Dios te guie hacia una vida de significado y propósito

Encuentra la voluntad de Dios para tu vida: Descubre los planes que Dios tiene para ti

Cada mañana con Dios: 365 devocionales para empezar bien el día